学讲堂书系·人生大学知识讲堂

字与人生

寻找精神家园

拾月 主编

主　编：拾　月
副主编：王洪锋　卢丽艳
编　委：张　帅　车　坤　丁　辉
　　　　李　丹　贾宇墨

吉林出版集团股份有限公司
全国百佳图书出版单位

图书在版编目（CIP）数据

国学与人生：寻找精神家园 / 拾月主编. -- 长春：吉林出版集团股份有限公司，2016.2（2022.4重印）
（人生大学讲堂书系）
ISBN 978-7-5581-0749-8

Ⅰ. ①国… Ⅱ. ①拾… Ⅲ. ①国学－青少年读物②人生哲学－青少年读物 Ⅳ. ①Z126-49②B821-49

中国版本图书馆CIP数据核字（2016）第041323号

GUOXUE YU RENSHENG XUNZHAO JINGSHEN JIAYUAN

国学与人生——寻找精神家园

主　　编　拾　月
副 主 编　王洪锋　卢丽艳
责任编辑　杨亚仙
装帧设计　刘美丽

出　　版　吉林出版集团股份有限公司
发　　行　吉林出版集团社科图书有限公司
地　　址　吉林省长春市南关区福祉大路5788号　邮编：130118
印　　刷　鸿鹄（唐山）印务有限公司
电　　话　0431-81629712（总编办）　0431-81629729（营销中心）
抖 音 号　吉林出版集团社科图书有限公司 37009026326

开　　本　710 mm×1000 mm　1 / 16
印　　张　12
字　　数　200 千字
版　　次　2016 年 3 月第 1 版
印　　次　2022 年 4 月第 2 次印刷

书　　号　ISBN 978-7-5581-0749-8
定　　价　36.00 元

"人生大学讲堂书系"总前言

昙花一现，把耀眼的美只定格在了一瞬间，无数的努力、无数的付出只为这一个宁静的夜晚；蚕蛹在无数个黑夜中默默地等待，只为了有朝一日破茧成蝶，完成生命的飞跃。人生也一样，短暂却也耀眼。

每一个生命的诞生，都如推开一张崭新的图画。岁月的年轮在四季的脚步中增长，生命在一呼一吸间得到升华。随着时间的推移，我们渐渐成长，对人生有了更深刻的认识：人的一生原来一直都在不停地学习。学习说话、学习走路、学习知识、学习为人处世……"活到老，学到老"远不是说说那么简单。

有梦就去追，永远不会觉得累。——假若你是一棵小草，即使没有花儿的艳丽，大树的强壮，但是你却可以为大地穿上美丽的外衣。假若你是一条无名的小溪，即使没有大海的浩瀚，大江的奔腾，但是你可以汇成浩浩荡荡的江河。人生也是如此，即使你是一个不出众的人，但只要你不断学习，坚持不懈，就一定会有流光溢彩之日。邓小平曾经说过："我没有上过大学，但我一向认为，从我出生那天起，就在上着人生这所大学。它没有毕业的一天，直到去见上帝。"

人生在世，需要目标、追求与奋斗；需要尝尽苦辣酸甜；需要在失败后汲取经验。俗话说，"不经历风雨，怎能见彩虹"，人生注定要九转曲折，没有谁的一生是一帆风顺的。生命中每一个挫折的降临，都是命运驱使你重新开始的机会，让你有朝一日苦尽甘来。每个人都曾遭受过打击与嘲讽，但人生都会有收获时节，你最终还是会奏响生命的乐章，唱出自己最美妙的歌！

正所谓，“失败是成功之母”。在漫长的成长路途中，我们都会经历无数次磨炼。但是，我们不能气馁，不能向失败认输。那样的话，就等于抛弃了自己。我们应该一往无前，怀着必胜的信念，迎接成功那一刻的辉煌……

感悟人生，我们应该懂得面对，这样人生才不会失去勇气……

感悟人生，我们应该知道乐观，这样生活才不会失去希望……

感悟人生，我们应该学会智慧，这样在社会上才不会迷失……

本套“人生大学讲堂书系”分别从“人生大学活法讲堂”“人生大学名人讲堂”“人生大学榜样讲堂”“人生大学知识讲堂”四个方面，以人生的真知灼见去诠释人生大学这个主题的寓意和内涵，让每个人都能够读完“人生的大学”，成为一名“人生大学”的优等生，使每个人都能够创造出生命中的辉煌，让人生之花耀眼绚丽地绽放!

作为新时代的青年人，终究要登上人生大学的顶峰，打造自己的一片蓝天，像雄鹰一样展翅翱翔!

“人生大学知识讲堂”丛书前言

易中天曾经说过：“经典是人类文化的精华，先秦诸子，是中国文化遗产中经典中的经典，精华中的精华。这是影响中华民族几千年的文化经典。没有它，我们的文化会黯然失色；这又是我们中华民族思想的基石，没有它，我们的思想会索然无味。几千年来，先秦诸子以其恒久的生命力存活于人间，影响和激励了一代又一代人。”

人创造了文化，文化也在塑造着人。

社会发展和人的发展过程是相互结合、相互促进的。随着人全面的发展，社会物质文化财富就会被创造得越多，人民的生活就越能得到改善。反过来，物质文化条件越充分，就又越能推进人的全面发展。社会生产力和经济文化的发展是逐步提高、永无休止的历史过程，人的全面发展也是逐步提高、永无休止的过程。

青少年成长的过程本质上是培养完善人格、健全心智的过程。人的生命在教育中不断成长，人通过接受教育而成为人。夸美纽斯说：“有人说，学校是人性的工场。这是明智的说法。因为毫无疑问，通过学校的作用，人真正地成为人。”不可否认，世界性的经典文化是千百年来流传下来的文化遗产与精神财富，塑造了人们的文化精神及思想品格，教育中社会性的人际生命与超越性的精神生命都是文化传统赋予的。经典的文化知识是塑造人生命的基本力量，利用传统文化经典对大学生进行生命教育不仅必要而且可能。

经典知识尤其是思想类经典，具有博大的生命意蕴，可以丰富人的精神生命。儒家经典主要有“四书五经”，讲求正心、诚意、格物、致知、修身、齐家、治国、平天下，从成己而成人，着重建构人的社会性生命。道家经典以《道德经》《庄子》为代表，以得道成仙、自然无为为旨归，侧重人的精神生命。佛教禅宗经典以《坛经》为代表，以明心见性、顿悟成佛为核要，直指人的灵性存在，侧重生命的超越性。

传统文化经典蕴含丰富的生命智慧，有利于提升人格，涵养心灵。中国传统文化蕴含丰富的人生智慧，例如道家的重生养生、少私寡欲；儒家的自强不息、厚德载物；佛家的智悲双运、自利利他等思想，对于引导青少年确立生命的价值与信念，保持良好心境，处理人际关系，提升青少年的修养，不无裨益。

为了更好地帮助青少年在人生成长过程中得到经典知识文化的滋养，使世界先进的文化知识在青少年群体中形成良好传播，我们特别编撰了“人生大学知识讲堂”系列丛书，此套丛书包含了“文化与人生”“哲学与人生”“智慧与人生”“美学与人生”“伦理与人生”“国学与人生”“心理与人生”“科学与人生”“人生箴言”“人生金律”10个方面，丛书以独到的视角，将世界文化知识的精髓融入趣味故事中，以期为青少年的身心灌注时代成长的最强能量。人们需要知识，如同人类生存中需要新鲜的空气和清澈的甘泉。我们相信知识的力量与美丽。相信在读完此书后，你会有所收获。

目录

Contents

目录 Contents

第3章　贵真求善，正气凛然——孟子论人生

第4章　事在人为，开拓进取——荀子论人生

目录 Contents

目录 Contents

第 7 章　打破秩序，智者善谋——孙子论人生

第1章

成德之教，为己之说——孔子论人生

孔子所处的东周王朝春秋时代，西周社会以血缘氏族为基础的政治制度崩溃瓦解，而基于文化认同的汉民族共同体正在形成。这是中国人的文化自觉最初发生的年代，古典成为时尚，一些人开始思考天道、人生和世界秩序等方面的问题，原先由贵族所垄断的文化教育也正逐渐流入民间。孔子正是这一时代精神的代表人物与集大成者，遂开战国诸子百家之先河。

第一节　仁德：做人的标准

“中庸之为德也。信近于义，言可复也；恭近于礼，远耻辱也。因不失其亲，亦可宗也。”仁德的外在标准就是“刚、毅、木、讷近仁”，即刚强、果断、质朴、语言谦虚的人接近于仁德。同时孔子还提出实践仁德的五项标准，“恭、宽、信、敏、惠”，即恭谨、宽厚、信实、勤敏、慈惠。

仁德乃为人之本

孔子认为，做人的根本是仁德，仁德是处于第一位的。依据孔子的思想：“弟子，入则孝，出则悌，谨而信，泛爱众，而亲仁。行有余力，则以学文。”

做人和做事首先需要人们正直磊落。孔子说：“人之生也直，罔之生也幸而免。”在孔子看来，一个人要正直，只有正直，才能光明磊落。然而在人们的生活中，不正直的人也能生存，但那只是靠侥幸而避免了灾祸。按事物发展的逻辑推理，这种靠侥幸避免灾祸的人迟早要付出代价。

在孔子看来，要想完全达到仁是极其困难的。因此他教导人追求仁德的方法，那就是“博学于文，约之以礼，亦可以弗畔矣夫”，即广泛地学习文化典籍，用礼来约束自己，这样就可以约束自己的行为，不背离正道了。与此同时，更要重视向仁德的人学习，用仁德的人来帮助培养自己的仁德。而仁德之人应该是自己站得住、使别人站得住，自己希望达到，也帮助别人达到的，凡事能推己及人的人，即：“己欲立而立人，己欲达而达人，能近取譬，可谓仁之方也已。”

《论语》中说：“不仁者，不可以久处约，不可以长处乐；仁者安仁，知者利仁。”意思是说：“心中没有仁的人，很难长久地安处困境，时间长了就可能移志而为非作歹；也不能长处于乐境，久则可能丧志而骄奢淫逸。仁者的本心是仁厚仁慈的，表现在外则自能安于仁道，有智慧的人则是知道仁德之美的，认为仁有利自己而自愿行仁用仁的。”

发现仁德之美

仁德之美，到底美在哪里呢？

《论语》中的一段对话给人们指引了方向。宰我问曰：“仁者，虽告之曰：‘井有仁焉。’其从之也？”子曰：“何为其然也？君子可逝也，不可陷也。可欺也，不可罔也。”翻译成白话文就是：宰我问孔子说：“您天天教我们做人做事要讲道德仁义。对于一个有仁德的人，纵使告诉他：‘井里有仁义。’难道为了追求仁义道德，他也要往井里跳吗？”孔子说：“怎么会是这样呢？一个学问有成的君子，必然是个智者，会懂得顺时应变，他可以为仁而牺牲一切，但不会愚蠢到为求仁而随意落入别人的陷阱。他有可能一时被人欺骗，但不可能轻易被人迷惑。”

多数人都会存有这样的心理：当今世界很多人都会因为金钱和权力失去人格，讲仁义道德又有什么用呢？但事实是，正是因为这个世界有缺陷，所以更需要提倡仁义道德。在当今社会，仁者并非是为了救人就必须自己舍身，仁者是有舍己救人的精神，“有杀身以成仁，无求生以害仁”。但有时舍己并不一定能救人。正如孔子所说：“仁者必有知，知者不必有仁。”意思是说，仁者必定是一个智者，但智者未必就是一个仁者。能救人是最终目的，并不是说舍己才一定是仁者，舍己而不能救人是愚蠢。仁者有智，仁者会随机应变，会顺应时代而调整自己，但自己始终保持仁义道德的中心思想，而且永远不会失去这个中心思想。一个君子，可以为了仁抛弃一生的功名富贵，抛弃一切，甚至生命，但绝不会轻易落入陷阱之中，受别人的困扰。仁者也可能受人一时欺骗做错事，但绝不会自己犯糊涂做傻事。

第二节 道义：见利勿忘义

子曰:“德之不修，学之不讲，闻义不能徙，不善不能改，是吾忧也。”

圣人的忧虑并不是没有道理的，圣人所忧虑的都是他们所处的时代和社会现实的写照。不然的话，他忧虑什么呢？更加确切地说，孔圣人所忧虑的“德之不修，学之不讲，闻义不能徙，不善不能改”四种现象，实际上又不只是他所处的那个时代才有，而是每一个时代甚至每一个人都可能出现的。不讲品德修养，不讲学问，不讲正义的原则，不改正缺点错误，只讲金钱，只讲赚钱之术，唯利是图，这些都是人们不应该有的思想，不应该犯的错误。所以，圣人“一肩挑尽古今愁”是十分有道理的，连他的忧虑也是“放之四海而皆准”的。他的思想和精神至今仍然具有现实意义。

帮助他人就是帮助自己

太原“的哥”杨润宏的家里珍藏着一摞法院判决书，有些已经泛黄，但他却当宝贝一样。“这些是他13年来坚持和努力的见证。”妻子吕润香说。

这位出租车司机虽然只有小学二年级的文化水平，但他坚持自学法律知识，13年来义务帮助农民工和出租车司机打官司，先后胜诉的官司不下200起，为农民工兄弟讨要回上千万的薪金，诉讼费他却分文不取。

“想到他们眼泪在流，双手在抖，看你的眼神，你就不会要他们一分钱了。”杨润宏说。

杨润宏与法律结缘是从一次出车经历开始的。1998年，杨润宏载了一个受了工伤的农民工和一名律师，听到他们的谈话，便萌生了帮人打官司赚钱的念头。“家里经济条件不好，刚开始确实想赚钱。”杨润宏说，但当打赢了第一个官司后，他改变了主意，“我四肢健全，可以工作赚钱。但他们受过伤，怎么忍心拿他们的钱。”

杨润宏接手的第一场官司也是历时最久的一场。2000年，他遇到一位受了工伤却没有得到赔偿的山西太谷老乡闫某。当时杨润宏已经自学法律知识两年，看到他孤独无助的样子，便鼓起勇气主动要求替他打官司。老乡半信半疑地把详细情况向他说明。

这是一个拖欠了6年工伤赔偿的案子，1994年闫某在一家工厂里因工受伤。但工厂一直没有给他补偿。2000年工厂倒闭，证据也没有，场地又租赁给了别人。这官司怎么打?

有着一股拗劲的杨润宏就是不服输。他来回奔波于太原与家乡太谷县之间，跑了不下30次，劳动仲裁委员会去了不止100次，找工友写证明材料、到医院调病历、做伤残鉴定……不算误工费，他还前前后后搭进去3000多块钱。

一年零两个月的坚持和努力，终于换来了公正的判决。拿着法院的判决书和5.6万元的赔偿金，闫某哭了，杨润宏也哭了。

杨润宏之所以能“设身处地去帮助别人”，是因为在他最困难的时候，接受过别人的帮助。那是在1992年，妻子患病住院，医生下了病危通知书。当时，杨润宏就和妻子商定，如果能熬过来，就一定做好事回报社会。

杨润宏在接受媒体采访时曾说道：“那个时候是最难的，但得到了好多好心人的帮助，这也是我帮助别人的起点。”

杨润宏13年的风雨兼程，一直坚持着自己的“道义”。据有关记者了解，直到新民事诉讼法出台，对委托代理人的身份进行了限制，他为农民工打官司才不得不暂时告一段落。然而，这并不是他公益事业的终点。杨润宏自己组建了一个爱心车队，而且这个车队已经存在了10年，除了高考送考生，他们还定期去给残疾人、孤寡老人或贫困家庭送温暖。

对于帮助他人，有的人总会认为“帮助他人，自己不能获得什么利益，还要浪费时间、精力，甚至金钱”，即帮助别人的人不一定会有物质上的收获，甚至要付出一些。但是这些人都没有想到，帮助他人不单单会让被帮助的人解决一些困难，而且必定会在精神上收获一些珍贵的东西。这些精神财富是用多少钱也买不来的。

道义让社会更和谐

道义，简单地来说，是一种社会意识形态，是做人的约束、规范和规矩。道义本身就是用来维系和调整人与人、人与社会之间关系的准则。因此，道义起到的是约束、指导、调整、规范人际关系的作用。利益则更易挑起人们的贪欲，因此有些时候是起到了突破约束、背离指导、打乱和谐、破坏人际关系等负面作用。一个是在建设，一个是在颠覆，哪个更为重要，不言而喻。

道义的重要性还在于，道义会对各社会意识形态产生深远的影响。道义一方面对违背法律法规的个人以及社会行为发挥着巨大的影响力；另一方面对占绝大多数的、法律法规约束以外的个人以及社会行为发挥着不可取代的首要影响力，通常这一点被人们严重忽视。因此道义对于维护社会的稳定，对于维护日常生活中人与人之间的正常交往等活动、人际关系的和谐，起到了重要的保证作用。

第三节　立志：人无志而不立

古训云：“有志者立长志，无志者常立志。”千百年来，多少仁人志士无不是先立大志而后成大器；又有多少凡夫俗子碌碌无为，虚度年华。历史的见证告诉每一个人：“人无志则不立。”

志从高远

有个叫阿巴格的人生活在内蒙古草原上。有一次，年少的阿巴格和他的爸爸在草原上迷了路，阿巴格又累又怕，到最后几乎走不动了。爸爸就从兜里掏出5枚硬币，把一枚硬币埋在草地里，把其余4枚放在阿巴格的手上，说："人生有5枚金币，童年、少年、青年、中年、老年各有一枚。你现在才用了一枚，就是埋在草地里的那一枚，你不能把5枚都扔在草原里，你要一点点地用，每一次都用出不同来，这样才不枉人生一世。今天我们一定要走出草原，你将来也一定要走出草原。世界很大，人活着，就要多走些地方，多看看，不要让你的金币没有用就扔掉。"在爸爸的鼓励下，那天阿巴格走出了草原。长大后，阿巴格离开了家乡，成了一名优秀的船长。

秦末农民起义领袖陈胜年轻时曾给别人耕地。一次，他走到田埂上休息，对同伴说："我们当中如果有人富贵了，可不能忘掉别人。"一人却笑话他说："你给人家当雇农，怎么会富贵呢？"陈胜长叹道："唉，燕雀怎么会知道鸿鹄的志向呢！"后来，人们常把那些没有理想、鼠目寸光的人比喻为低飞的燕雀，把那些胸怀大志的人比喻为高飞的鸿鹄。

立志是一种刻于心间而后现于行动的大智慧、大境界，不能把它当成挂在嘴边上的口头禅，也不用把它看作贴在墙上的座右铭。它需要辛勤的汗水去浇灌，也需要努力的付出去滋润。"宝剑锋从磨砺出，梅花香自苦寒来"是它的行动指南，"志从高远"是它的指导思想。

伟大的文学家苏东坡在年少时，自以为读了几个字，就看不起别人，还在他的门庭上挂了一副对联，上联为：识遍天下字；下联为：读尽人间书。偏巧这副对联被一老者看见，他有心想考考这位自负、狂妄的年轻人，便写了一个生僻的字让苏东坡读，可是苏东坡看后却哑口无言，羞愧难当，终日坐于家中反省，而后他便改了那副对联，成了：发愤识遍天下字，立志读尽人间书。此后这成了他的人生志向，奋斗目标。他成了一位横跨历史星空的文学星宿，家喻户晓。

通过这个事例，可以看出志向对人的发展乃至成才是至关重要的。

远大的志向犹如一盏指路灯

立志对成才究竟有多少作用呢？远大的志向可以陶冶一个人的情操。

人民的好书记、百姓的好公仆、党的好儿子、国家的忠实干部孔繁森，是大家再熟悉不过的了，他在短暂的50年人生历程中留下了不平凡的业绩。他在走马上任时就立志要为百姓当好公仆，在西藏一扎根就是十几年。十几年如一日，克尽职守，兢兢业业，从不为自己着想，时时事事为当地的藏族同胞着想，曾两度桑梓而不顾。是什么让他如此献身，如此“舍生取义，杀身成仁”？是志向，他志在百姓安危，志在百姓疾苦，相应的，百姓也就将他放在心上。他为了西藏的经济发展献出了自己的生命，藏族同胞不会忘记他，他将是他们永远的“活菩萨”，永远是这块土地上的守护者，永远是西藏天空中不落的太阳，他生的伟大，死的光荣。

正如臧克家诗中所言：“有的人死了，他还活着。”如此的情操，如此忘我的精神，试问，又有几人能做到？又有多少人因为贪图功名、寻求利禄而失去远大的志向、迷失前进的方向？

大志向中体现大智慧，大智慧中蕴涵大境界，大境界中孕育出高尚的情操。个人的成才和立志是成正比的。古往今来，有所作为的人没有一个是没有志向的，就看这个志向的大小和付诸的实践如何了。

第四节 忠恕：己所不欲，勿施于人

“己所不欲，勿施于人”，此语出于《论语·颜渊篇》，是孔子经典妙句之一，也是儒家文化精华之处。中国的《论语》就如同西方的《圣经》一般，是对一个民族或一个区域文化的概括和统领。《论语》分二十篇，其中的《颜渊篇》主要讲述了孔子对“仁”和“恕”的解释。

“己所不欲，勿施于人”的意思是：自己不想要的东西，也不要强加给别人。孔子所强调的是，人应该宽以待人，要心存“恕”道，唯有如此，才是仁的表现。“恕”道是“仁”的消极表现，而其积极表现是“己欲立而立人，己欲达而达人”。

换位思考，宽恕待人

“己所不欲，勿施于人”这句话揭晓的是处理人际关系的重要原则。孔子所言是指人应当以对待自身的行为为参照物来对待他人。人应该有宽阔的胸襟，待人处事之时不可心胸狭窄，而应宽宏大量，宽恕待人。倘若自己所不欲，却硬推给他人，不仅会破坏与他人的关系，也会将事情弄得僵持而不可收拾。人与人之间的交往应该坚持这项原则，这是尊重他人、平等待人的体现。人生在世，除了关注自身以外，还得关注他人的存在，人与人之间是平等的，切勿将己所不欲强施于人。

非洲某个国家的政府实施“种族隔离”政策，不允许黑人进入白人专用的公共场所。白人也不喜欢与黑人来往，认为他们是低贱的种族，避之唯恐不及。

有一天，有个长发的白人女人在沙滩上晒日光浴，由于过度疲劳，她睡着了。当她醒来时，太阳已经下山了。此时．她觉得肚子饿，便走进沙滩附近的一家餐馆。她推门而入，选了张靠窗的椅子坐下。她坐了约15分钟，没有侍者前来招待她。她看着那些招待员都忙着侍候比她来得还迟的顾客，对她则不屑一顾。她顿时怒气满腔，想走上前去责问那些招待员。

当她站起身来正想上前时，恰巧看到旁边有一面大镜子。她看着镜中的自己，眼泪不由得夺眶而出。原来，她已被太阳晒黑了。此时，她才真正体会到黑人被白人歧视的滋味！

在生活中，要用自己的心推己及人。自己希望怎样生活，就想到别人也会希望怎样生活；自己不愿意别人怎样对待自己，就不要那样对待别人；自己希望在社会上能站得住、能通达，就应该帮助别人站得住、能通达。总之，从自己的内心出发，推己及人，去理解他人，对待他人。“己所不欲，勿施于人”，简单地说就是推己及人。它和民间常说的将心比心、设身处地为别人想一想等，都是一个意思。

播种什么，收获什么

为什么有人会如此友善地考虑到其他人呢？

真正的原因是：你种下什么，收获的就是什么。

播种一个行动，你会收获一个习惯；播种一个习惯，你会收获一个个性；播种一个个性，你会收获一个命运；播种一个善行，你会收获一个善果；播种一个恶行，你会收获一个恶果。

非公平地对待其他人，这种非公平的态度将会使人“自食其果”。而且，进一步说，一个人所释放出来的每一种思想的后果，都会回报到自己身上。因为对其他人的所有行为以及对其他人的思想，都经由自我暗示的原则而全部被记录在自己的潜意识中，这些行为和思想的性质会修正自己的个性，而一个人的个性相当于是一个磁场，把和自己个性相同的人或情况吸引到身边。

确切地说，“己所不欲，勿施于人”就是文明。一个人真正成为文明人，并不是一件容易的事。正因为这是很高很难做到的要求，所以目前的社会总是在反复提倡“精神文明建设”。

我国产生过众多的推己及人的先贤，“大禹治水的故事”就是“己所不欲，勿施于人”、“己立立人”和“己达达人”的崇高典范。

大禹接受治水的任务时，刚刚和涂山氏的一个姑娘结婚。当他想到有人被水淹死时，心里就像自己的亲人被淹死一样痛苦、不安，于是他告别了妻子，率领27万治水群众，夜以继日地进行疏导洪水的工作。在治水的过程中，大禹三过家门而不入。经过13年的奋战，疏通了九条大河，使洪水流入了大海，消除了水患，完成了流芳千古的伟大业绩。之后，民间流传着这样一首《大禹治水》的民谣：

大禹治水十三年，一心为民解灾难。
实地观测搞调查，团结勤快听意见。
三过家门而不入，废寝忘食沥肝胆。
河道疏通水患灭，灌溉农田万民欢。

到了战国时候，有个叫白圭的人，跟孟子谈起这件事，他夸口说：“如果让我来治水，一定能比大禹做得更好。只要我把河道疏通，让洪水流到邻近的国家去就行了，那不是省事得多吗？”孟子很不客气地对他说：“你错了！你把邻国作为聚水的地方，结果将使洪水倒流回来，造成更大的灾害。有仁德的人，是不会这样做的。”

从大禹治水和白圭谈治水这两个故事来看，白圭只为自己着想，不为别人着想，这种“己所不欲，要施于人”的错误思想是难免要害人害己的。大禹治水把洪水引入大海，虽然费工费力，但这样做既消除了本国人民的灾害，又消除了邻国人民的灾害。这种推己及人的精神值得人们钦佩和效法。

“推己及人”这种替别人着想的道德情怀不仅在中国，在全世界也有着广泛的影响。据说国际红十字会总部里就悬挂着孔子“己所不欲，勿施于人”的箴言，体现了人类对美好人际关系的向往。

中国有句俗语：“人和万事兴。”推己及人的嘉言懿行正是实现“人和”的润滑剂。愿所有的炎黄子孙都能处处推己及人，使五千年灿烂文明之花开得更加艳丽芳香。从这一点推广开来，对于整个社会意义是很了不得的，那样，经由中国传统文化的力量促进全球的和谐与繁荣。

第五节　忠诚：立世的根基

曾子曰：“吾日三省吾身：为人谋而不忠乎？与朋友交而不信乎？传不习乎？”

有一次，曾子的妻子要去赶集，孩子哭闹着也要去。妻子哄孩子说：“你不要去了，我回来杀猪给你吃。”她赶集回来后，看见曾子真要杀猪，连忙上前阻止。曾子说：“你欺骗了孩子，孩子就会不信任你。”说着，就把猪杀了。曾子不欺骗孩子，也培养了孩子讲信用的品德。

古人的一诺千金

秦朝末年有个叫季布的人，一向重诺言，讲信用。人们都说“得黄金百斤，不如得季布一诺”。

汉朝的开国功臣韩信，幼时家里很贫穷，常常衣食无着，他跟着哥哥嫂嫂住在一起，靠吃剩菜剩饭过着日子。小韩信白天帮哥哥干活，晚上刻苦读书，刻薄的嫂嫂还是非常讨厌他读书，认为读书耗费了灯油，又没有用处。于是韩信只好流落街头，过着衣不蔽体、食不果腹的生活。有一位为别人当佣人的老婆婆很同情他，支持他读书，还每天给他饭吃。面对老婆婆的一片诚心，韩信很感激，他对老人说："我长大了一定要报答你。"老婆婆笑着说："等你长大后我就入土了。"后来韩信成为著名的将领，被刘邦封为楚王，他仍然惦记着这位曾经给过他帮助的老人。于是他找到这位老人，将老人接到自己的宫殿里，像对待自己的母亲一样对待她。

北宋时期著名的文学家和政治家晏殊，14岁被地方官作为"神童"推荐给朝廷。他本来可以不参加科举考试便能得到官职，但他没有这么做，而是毅然参加了考试。事情十分凑巧，那次的考试题目是他曾经做过的，得到过好几位名师的指点。这样，他不费力气就从千多名考生中脱颖而出，并得到了皇上的赞赏。但晏殊并没有因此而洋洋得意，相反的他在接受皇上的复试时，把情况如实地告诉了皇上，并要求另出题目，当堂考他。皇上与大臣商议后出了一道难度更大的题目，让晏殊当堂作文。结果，他的文章又得到了皇上的夸奖。

人无信不立，这是当今社会人人都知道的一句话。然而真正做到这句话的人却寥寥无几。很多人只是把这句话挂在嘴边说说而已，难道他们不知道违背了这一做人宗旨的后果？不，他们知道，他们明白，但他们很难做到。经济社会，诚信似乎在某些人的眼里越发变得一文不值，俗话说"小成在智，大成在德"，这里的"德"说的就是诚信。

诚信才能立世

立世以诚，待人以诚，做事以诚。诚信是生命的动力，是生命的源泉，是人在危急时刻的最后一根救命稻草。

商鞅变法以诚信为根本，使原本岌岌可危的秦国变成了历史上第一

个统一中国的诸侯国；季布以诚信立人，即使在汉高祖通缉他的时刻，他的朋友也愿冒死相救。

《郁离子》中记载了一个因失信而丧生的故事。济阳有个商人过河时船沉了，他抓住一根大麻秆大声呼救。有个渔夫闻声而至。商人急忙喊：“我是济阳最大的富翁，你若能救我，给你100两金子！”待被救上岸后，商人却翻脸不认账了。他只给了渔夫10两金子。渔夫责怪他不守信，出尔反尔。富翁说：“你一个打渔的，一生都挣不了几个钱，突然得10两金子还不满足吗？”渔夫只得快快而去。不料后来那富翁又一次在原地翻船了。有人欲救，那个曾被他骗过的渔夫说：“他就是那个说话不算数的人！”于是商人被淹死了。

一个人若不守信，便会失去别人对他的信任。所以，一旦他处于困境，便没有人再愿意出手相救。失信于人者，一旦遭难，只有坐以待毙。

一个顾客走进了一家汽车维修店，自称是某运输公司的汽车司机。对店主说：“在我的账单上多写点儿零件，我回公司报销后，有你一份好处。”但店主拒绝了这样的要求。顾客纠缠说：“我的生意不算小，会常来的，你肯定能赚很多钱！”店主告诉他，这事无论如何也不会做。顾客气急败坏地嚷道：“谁都会这么干的，我看你是太傻了。”店主生气了，他要那个顾客马上离开，到别处谈这种生意去。这时，顾客露出微笑并满怀敬佩地握住店主的手：“我就是那家运输公司的老板，我一直在寻找一个固定的、信得过的维修店，你还让我到哪里去谈这笔生意呢？”

面对诱惑，不轻易动心，不为其所惑。虽平淡如行云，质朴如流水，却让人领略到一种山高海深。这就是一种永远闪光的品格—诚信。

第六节 豁达：看破人情事理

子曰："不愤不启，不悱不发，举一隅不以三隅反，则不复也。"这句话的意思是：孔子说："不到他努力想弄明白而不得的程度不要去开导他，不到他心里明白却不能完善表达出来的程度不要去启发他。如果他不能举一反三，就不要再反复地给他举例了。"

豁达让人生之路平坦

能战胜千百次失败后的沮丧，百折不挠，重新奋起，是豁达；不畏讥讽、中伤、打击、陷害，义无反顾，走自己的路，是豁达；到山穷水尽处，仍能眺见柳暗花明，是豁达；勇于承认别人的长处，善于发现和调整自己的短处，是豁达；能够摆脱荣辱祸福的恩怨纠缠、成败得失的狗苟蝇营，是豁达。豁达是人活着的一种因素，是生存的艺术。

苏轼被贬黄州的时候，有著名的《猪肉颂》打油诗："黄州好猪肉，价钱等粪土。富者不肯吃，贫者不解煮。慢着火，少着水，火候足时它自美。每日起来打一碗，饱得自家君莫管。"这里的"慢着火，少着水，火候足时它自美"就是著名的东坡肉烹调法了。苏东坡后来任杭州太守，修苏堤，兴水利，深受百姓爱戴。而这"东坡肉"也跟着沾光，名噪杭州，成了当地的一道名菜了。

豁达大度者，遇事泰然，面对困境无惧色，昂首品味生活酸涩，而后笑看"云开日出"；而心胸狭窄者，自暴自弃，一遇困难，便束手无策。

豁达大度者，顺境时，抓住机遇，扬起生命的风帆，努力划动双桨，驶向胜利的彼岸；逆境时，坚定信心，正视现实，透过苦难的雾瘴，窥见胜利的曙光，不灰心、不气馁，更加勤奋地工作，用心血编织欢乐的花环。

做人豁达，做事才有突破

某公司一名财务出纳退休，当人事部门通知她到这一岗位供职时，那些早已窥视这一位置的多双眼睛们很自然地就用疑惑、不满，甚至嫉妒的眼光扫描她。几个曾经对这一位置心动进而行动的角色很有些“气不打一处来”的恼火，其中一位脑子格外好使、自以为颇具几分优势，此差事非己莫属的年轻中专生更是由怨而恨，恶气难消。天性善良诚实的她压根儿没把出纳岗位和自己往一块儿想，更没想到一不留神便开罪了同事。

走上新岗位，她不敢有丝毫的懈怠，更没有得意，在兢兢业业做好本职的同时，依然是与人友善、热情待人。对那些因自己调整工作而无端生妒的人更是以礼相待，以德报怨。不到一年，那位因与出纳岗位擦肩而过、满腹怨气的同事休产假，她便利用星期天甚至下班后能抽出的时间到这位同事家忙前忙后，不是做饭端水，就是洗尿布抱孩子，同事被她深深感动，后来两人成了互帮互助、无话不谈的知己。

多年来，她奉行与人为善、忍让谦和的处世哲学。她说：“每个人都有与生俱来的善良天性，更需要后天日积月累的修养，只要不伤尊严和人格，有什么不可以善待和忍让？”是啊，与人为善，善待他人，多了一份坦然，增了一份愉悦，添加了一份好心情。如此说来，善待他人不正是善待自己吗？

人生像一首诗，有甜美的浪漫也有严酷的现实；人生像一支歌，有高亢的欢愉也有低旋的沉郁；人生像五彩绚丽的舞台，有众星拱月的主

角也有默默无闻的配角。面对世事沉浮，想要“胜似闲庭信步”，就得有豁达的襟怀。

豁达的对立面是狭隘。狭隘的人是什么样子呢？斤斤计较，还是容不得一丝一毫的吃亏？高尔基曾经说：“有些人在‘获取了荣誉后’，就长出一个极其丑陋的‘自负的脓包’。”

自负的人谁都瞧不起，还谈什么豁达胸襟？《太平御览》里有个“妒花女”，见花就踩，闻香说臭。因为花与容相连，花的美触痛了她的嫉妒心，于是干出蠢事。

豁达说起来容易，实则做起来很难。它要求人们抑制个人私欲，不为一己之利去争、去斗，也不能为了炫耀自己而贬低他人。大河里生活的鱼，不会因遇到一点儿风浪就惊慌失措；而小溪里的鱼就不同了，一感觉到有点异常动静，立刻四处逃窜。人也是这样的，胸怀狭窄的人没有一点儿气度，常常争先恐后地与他人争夺蝇头小利，但这点小利到手后，又发现丢了大利，如同人们所说的，“丢了西瓜捡芝麻”。胸襟坦荡广阔的人不是这样。他们不为犹如芝麻般的小事而忙得团团转，他们把目光投向生活的深度和广度，他们是做事稳重、态度从容不迫的人。只要有一种看透一切的胸怀，就能做到豁达大度。把一切都看作“没什么”，才能在慌乱时，从容自如；忧愁时，增添几许欢乐；艰难时，顽强拼搏；得意时，言行如常；胜利时，不醉不昏，有新的突破。只有如此放得开的人，才可能是豁达大度的人。

第七节　中庸：为人处世之法

孔子在《中庸》一文中说道：“君子之道，暗然而日章；小人之道，的然而日亡。君子之道，淡而不厌，简而文，温而理，知远之近，知风之自，知微之显，可与入德矣。”意思是说，君子的道深藏不露而日益彰明；小人的道显露无遗而日益消亡。君子的道，外表平淡而内具意味，外表简朴而内含文采，外表温和而内有条理，知道远是从近开始，知道教化别人是从自己做起，知道细微之处影响全局。

做人不能居功自傲

自表其功，自矜其能，历史上凡是这种人，十有八九要遭到猜忌而没有好下场。刘邦曾经问韩信："你看我能带多少兵？"韩信说："陛下带兵最多也不能超过十万。"刘邦又问："那么你呢？"韩信说："我是多多益善。"这样的回答，刘邦怎么能不耿耿于怀！

自以为有功便忘了上级，是讨人嫌的，特别容易招惹上司的嫉恨。自己的功劳自己不表白，功劳也还在，而由自己表白出来，别人功劳放在哪？所以不合人情的捧场行义是很危险的事情。

三国末期，西晋名将王濬于公元280年巧用火烧铁索之计，灭掉了东吴。三国分裂的局面至此方告结束，国家又重新归于统一。王濬的历史功勋是不可埋没的。岂料王濬克敌制胜之日，竟是受谗遭诬之时，安东将军王浑以不服从指挥为由，要求将他交司法部门论罪，接着又诬王濬攻入建康之后，大量抢劫吴宫的珍宝据为己有。这不能不令功勋卓著的王濬感到畏惧。可王濬想不通，自己立了大功，反而被大臣压制，一再被弹劾。他愤愤不平，每次晋见皇帝，都一再陈述自己伐吴之战中的种种辛苦，什么不听指挥和抢劫都是冤枉！几次他越说越激动，不向皇帝辞别便怏怏不乐地离开朝廷。

他的一个亲戚范通对他说："足下的功劳可谓大了，可惜足下说话办事失度，未能做到尽善尽美！"

王濬眼一瞪问："这话什么意思？"

范通推心置腹地说："当足下胜利归来之日，应当退居家中，再也不要提伐吴之事。从今天起你就说：'是皇上的圣明、诸位将帅的努力，我有什么功劳可夸的！'这样，王浑能不惭愧吗？"

王濬按照他的话去做了，谗言果然不止自息。

为人处世，行动取舍都不可失度，失度便会乱套，便会坏事，便会受到惩罚；饮食无度，便会伤身；荒淫无度，必致误国；贪婪无度，可能招来杀身之祸；玩笑无度，会伤感情，有时无意中的一句笑话就与人结怨。人们喜欢自由的生活，其实从人立身处世的行为方式看，这自由，归根结底，还是度中的自由，也只有在一定条件下和一定范围内，才能享受自由。

为人说话不可太直露

一个有才德而又能淡泊明志的人，往往会遭受到那些热衷于名利的人的怀疑；一个言行谨慎而处处检点的真君子，往往会遭受那些邪恶放纵的小人的忌恨。所以一个有才德的君子，如果处在这种既被猜疑又遭受忌恨的恶劣环境中，固然不可能改变自己的操守和志向，也绝对不可锋芒太露地刻意表现出自己的才华和节操。

孔子说："可与言而不与之言，失人；不可与言而与之言，失言。知者不失人，亦不失言。"

孔子还讲过："讷于言"、"慎于言"，但这种装哑的方法现在看来毕竟偏于消极，不符合交际的需要。当然更不可失言，在与人交往中，有时无话可说的时候想话说，比如拜访别人，十几分钟，大眼瞪小眼不行，所以要能想出话题；想话说，也不是开口胡说，毕竟这些话是要经审慎考虑的，不能说不得体的话。

《战国策》上记载范雎见秦昭王的轶事，一次、两次，秦昭王向他请教，他都不说话。因为他发现秦昭王与他谈话时心不在焉，而他要讲的又是一套使秦国富强称霸的大道理，别人不重视，讲出来无益。直到第三次，秦昭王单独会见他，专心致志，虚心向他求教。范雎的一席话打动了秦昭王，被秦昭王封为宰相。像范雎这样，才真正是既不失人又不失言的智者。

中庸是种权衡，使自己不被自己的行为绊倒。获取成功的方法很多，诸如难得糊涂、能屈能伸、甘心吃亏、以柔克刚等，掌握了其中一条，运用得当，都能使人在一些特殊场合或在对某一具体事情的处理中获得成功。但它们并不具有普遍性。而真正具有普遍意义的成功智慧和具有至高无上地位的成功法宝，是中庸处世思想。

第八节　容忍：小不忍则乱大谋

子曰：“巧言乱德。小不忍则乱大谋。”孔子还说过：“花言巧语能败坏德行。小事不能忍耐就会败坏大事情。”

苏轼在《留侯论》中说：“古之所谓豪杰之士者，必有过人之节。人情有所不能忍者，匹夫见辱，拔剑而起，挺身而斗，此不足为勇也。天下有大勇者，卒然临之而不惊，无故加之而不怒。此其有所挟持者甚大，而其志甚远也。”

宽宏容人才能得人心

有人认为，和颜悦色、忍让无争、宽恕容忍与从不恶言厉色都是十足的懦夫行径，殊不知这样的人才是真正具有大智、大仁、大勇的人物。有人更认为，凡事忍耐、含垢受辱、承认过错及接受责罚便是懦夫。事实上，在衡量自身条件尚无绝对必胜把握时，暂时的忍辱负重是必要的，而死不认错才是真正的懦夫。

压制住自己的怒火，忍辱负重，可能是解决问题的最好方法。对于做大事者来说，忍辱负重是成就事业必须具备的基本素质。孟子说：“天将降大任于斯人也，必先苦其心志，劳其筋骨，饿其体肤，空乏其身。”

忍受屈辱是一种能力，而能在忍受屈辱中负重拼搏更是一种本领。小不忍则乱大谋，凡成就大业者莫非如此。

这是一场惨烈的战斗，几乎所有的士兵都丧命于敌人的刀剑之下。

命运将两个地位悬殊的人推到一起：一个是年轻的指挥官，一个是年老的炊事员。他们在奔逃中相遇，两个人不约而同地选择了相同的路径—沙漠。追兵止于沙漠的边缘，因为他们不相信有人会从那里活着出去。

“请带上我吧，丰富的阅历教会了我如何在沙漠中辨认方向，我会对你有用的。”老人哀求道。指挥官麻木地下了马，他认为自己已经没有了求生的资格.他望着老人花白的双鬓，心中不禁一颤：由于我的无能，几万个鲜活的生命就此从这个世界消失了，我有责任保护这最后一个士兵。他扶老人上了战马。

到处是金色的沙丘，在这茫茫的沙海中，没有一个标志性的东西，人很难辨认方向。“跟我走吧。”老人果敢地说。指挥官跟在了他的身后。灼热的阳光将沙子烤得如炙热的煤炭一样，喉咙干得几乎要冒烟。他们没有水，也没有食物。老人说：“把马杀了吧！”指挥官怔了怔，唉，要想活着也只能如此了。他取下腰间的军刀……

“现在，马没了，就请你背我走吧！”指挥官又一怔，心想：你有手有脚，为什么要人背着走，这要求着实有点儿过分。但他早已因战场的失败陷入深深的自责之中，老人此时要在沙漠中逃生，也完全是因为他的不称职。他此刻惟一的信念就是让老人活下去，以弥补自己的罪过。他们就这样一步一步地前行，在大漠上留下了一串深陷且绵延的脚印。

一天，两天……十天。茫茫的沙漠好像无边无际，到处是灼烧的沙砾，满眼是弯曲的线条。白天，指挥官是一匹任劳任怨的骆驼；晚上，他又成了最体贴周到的仆从。然而，老人的要求却越来越多，越来越过分。他会吃掉两人每天定量的食物的一大半，会多喝几口每天定量的马血。指挥官从没有怨言，他只希望老人能活着走出沙漠。

他俩越来越虚弱，直到有一天，老人奄奄一息。“你走吧，别管我了。”老人忿忿地说，“我不行了，你还是自己逃生吧。”

“不，我已经没有了生的勇气，即使活着我也不会得到别人的宽恕。”

一丝苦笑浮上了老人的面庞：“说实话，这些天来难道你就没有觉察出我在刁难、拖累你吗？我真没想到，你的心可以包容得下这些不平等的待遇。”

“我想让你活着，你让我想起了我的父亲。”指挥官痛苦地说。

老人此刻解下了身上的一个布包，“拿去吧，里面有水，也有吃的，还有指南针，你朝东再走一天，就可以走出沙漠了，我们在这里的时间实在太长了……”老人闭上了眼睛。

“你醒醒，我不会丢下你的，我要把你背出去。”老人勉强睁开眼睛：“唉，难道你真的以为沙漠这么漫无边际吗？其实，只要走三天，就可以出去了，我只是带你走了一个圆圈而已。我亲眼看着我的两个儿子死在敌人的刀下，他们的血染红了我眼前的世界，这全是因为你。我曾想与你同归于尽，一起耗死在这无边的沙漠里，然而你却用你的胸怀融化了我内心的仇恨，我已经被你的宽容大度所征服。只有能宽容别人的人，才配受到他人的宽容。”老人永远地闭上了眼睛。

指挥官震惊地伫立在那儿，仿佛又经历了一场战争，一场人性的战争。他得到了一位父亲的宽容。此时他才明白，武力征服的只是人的躯体，只有靠爱和宽容大度才能赢得人心。

如果因受点儿气而选择逃避的话，是很难在社会上立足的。偶尔遭遇波折，要善于化解因不公正待遇而引起的怨恨。需正确判断别人为难自己的真正原因，换位思考辨别真相。即使对方有过失，在无法改变对方时，唯有矫正自己。尽量往宽处想：也许是对方的一时冲动，也许他（她）在气头上，才在不经意间给自己添堵，而实际上并无歹意。就算蒙受冤屈，也要学会承受和面对，才能使自己立于不败之地。

忍一时气，成长久功

忍一时气，消百日灾。能忍，不一定就是懦弱。

魏明帝死后，太子曹芳即了位，即魏少帝。曹爽当了大将军，司马懿当了太尉。两人各领兵三千人，轮流在皇宫值班。

曹爽手下有一批心腹提醒他说："大权不能分给外人啊！"他们替曹爽出了一个主意，用魏少帝的名义提升司马懿为太傅，实际上是夺去他的兵权。接着，曹爽又给自己的心腹、兄弟都安排了重要的职位。

对此，司马师和司马昭气得哇哇叫，准备带领人马去攻打曹爽。而司马懿看在眼里，却装聋作哑，一点儿也不干涉曹爽的做法，并且向魏少帝上表说自己年纪大了，又浑身是病，从此不再上朝了。

曹爽听说司马懿生病，正合他的心意。但是毕竟有点儿不放心，还想打听一下司马懿是真生病还是假生病。他派心腹李胜到司马懿家去探探情况。

李胜到了司马懿的卧室，只见司马懿躺在床上，旁边两个使唤丫头伺候他吃粥。他没用手接碗，只把嘴凑到碗边喝。没喝上几口，粥就沿着嘴角流了下来，弄得胸前衣襟都是。李胜跟他说话的时候，他也说得颠三倒四，时不时还拼命地咳嗽。

曹爽听了李胜的报告后，甭提有多高兴了。从此后，他就对司马懿放松了警惕。

后来，魏少帝曹芳到城外去祭扫祖先的陵墓，曹爽和他的兄弟、亲信大臣全跟了去。司马懿既然病得厉害，当然也没有人请他去。

哪知道等曹爽一行人一出皇城，太傅司马懿的病就全好了。他披戴起盔甲，抖擞精神，带着他的两个儿子司马师、司马昭，率领兵马占领了城门和兵库，并且假传皇太后的诏令，把曹爽的大将军职务撤了。此后，司马懿成了魏国的实际掌权者。

古人认为，“忍”是一门学问。忍的过程也许是痛苦的，但结果却是对自己有利的。在现实生活中，“忍”不仅是一种心性培养，更是一种手段、一种策略。总而言之，恰当的理智、适宜的克制、合适的行动是人们做事时智慧的表现。

第2章

大道无形，大爱无疆——老子论人生

老子是道家始祖，是我国古代的哲学家、思想家。他以极大的勇气提出了一个囊括宇宙万物的理论，认为一切事物都遵循这个规律，即“道”。老子著有《道德经》一书存世，其精华是朴素的辩证法。老子的学说对中国文化发展具有深远的影响。

第一节 福祸：祸福相依，顺其自然

老子说：“祸兮福之所倚，福兮祸之所伏。”即灾祸中总有幸福隐藏，祸是福的先行凭据；福里不免潜伏着灾祸、危机，福是祸的潜在前提。

老子认为，福祸相依，变化莫测。这就告诫人们，身负红运时，应当谨慎，因为福中也许包含着祸的种子；运道不佳时，应当保持一颗平常心，笑对人生。

人们向往“福禄寿”，幸福、官位、长寿，获得这些，获得美满的人生。“福禄寿”进入千家万户，可见是大众的普遍心理。同时，也许正是由于这三样是十分难得的宝贝，人们才如此渴求。

福与祸是相辅相成的

福，人们求之不得；祸，人们避之不及。福祸经常和人们捉迷藏、开玩笑，踏破铁鞋无觅处，有时候已经累得筋疲力尽，蓦然回首，得“福”全不费功夫。跑得慢时，怕赶不上福；跑得太快时，又可能闯祸。

人人都面对这个问题，但并非人人都了解福与祸的关系。老子深入思考过这个人生难题，得出了精辟的结论：“祸兮福之所倚，福兮祸之所伏。”福与祸对立统一，福也会变为祸，祸也能变为福。就是说，一个人的福祸是相连的，不会一生总倒霉，也一定不会一辈子走好运。处于逆境厄运的人，时过境迁，时来运转。处于顺境的人，也会祸从天降，而且祸不单行。因此，不走运的人不应心灰意冷、万念俱灰，祸中正潜伏着福。幸运的人却应当小心谨慎，福中也许就包含着祸的种子。幸运时切莫得意忘形，倒霉时也当笑对人生。

《淮南子》记载的“塞翁失马”的故事形象地揭示了福祸相依相生的哲理。

中国北方边塞的一位老翁走失了一匹马，乡邻们都来安慰他莫要伤心。老翁却说：“这也许是好事。”不久，马跑了回来，而且还从胡地引来了一匹骏马。乡亲们又来向他道贺，但老翁认为也许是坏事。时隔不久，儿子骑马摔断了腿，乡亲们都来慰问，老翁说，这件事也许会因祸得福。过了一年，边境发生战争，他的儿子因为腿跛而免去了征兵，邻居家的青壮年都被征调去当兵并大多战死沙场，老翁的家庭却是安然无事。

世人常以“塞翁失马，焉知非福”比喻好事坏事的相倚相生。

这个故事中，塞上老翁的祸福都是静中等来的，他好像并不是主动积极地避祸求福，只是乐观地承受命运恩赐予他的一切，福祸的转机全依自然的安排。不过，这种做法显得消极。在生活中，一个人完全有可能也应当洞察福祸转化的情况，此时应用平常的心态去对待祸与福。当灾祸到来时，不是等待，要想办法避免灾祸，努力把坏事转变为好事，积极促成福的光临。人是万物之灵，心智的力量能够适应自然规律，转败为胜，逢凶化吉，化祸成福。

坦然面对福与祸

孔子周游列国，行至沧浪水边，听到一个小孩在那里唱歌。歌中唱道：“沧浪的水清啊，可以洗我的帽缨，沧浪的水浊啊，可以洗我的双脚”孔子大为感慨。他对学生们说：“学生们听着，水清可以洗帽缨，水浊就只能用来洗脚，这都是由水本身决定的啊。”

水的舍取用度，全由水本身的质量决定；人的得福与招祸，取誉与遭辱，也全都由人自己的行事所决定。

俗话说："天有不测风云。"即便是科学如此发达的今天，人类也依然无法准确无误地知道雨来云去、雪落霜降。天有天道，许多时候不是人可以奈何的。世间万物皆有其法则，强夺不来，巧取不得。人之福祸，有时同样是难以预料的。

塞翁失马，焉知非福？这其中道出了人世吉凶祸福的辩证。忧喜本是一家，吉凶本是同根。自然界中常有不测之事发生，人生之中常有旦夕祸福出现，因而须有"祸来不必忧，福来不必喜"的豁达胸襟。

在福与祸这对矛盾关系中，须明白不论福也好，祸也好，均是由主客观两方面的原因铸成的。祸患来时要经受得起，把持得住，顺其自然；幸福降至时要冷静对待，淡然处之，方能乐极不生悲。

乱生于泊，危生于安，井以其甘洌清纯而易竭，李以其苦涩难尝而可存。美玉藏之深山，因其珍贵而免不了会遭斧凿锤击而破；兰生于幽谷，虽无人观赏却能持有自己的芬芳；木秀于林，本可得雨露润溉之便，领阳光沐浴之先，但木秀于林，风必摧之。吉凶祸福，其实总是相互包容，福中有祸，祸中有福，或者总能相互转化，祸能致福，福可生祸。

这有点儿类似饮酒。酒能活血顺气，能活络舒筋。节假闲暇，二三同道，三两亲朋，相聚会饮，还能助谈兴，融洽感情。饮到极处，便能致祸，坏胃伤肝，麻痹神经，举止失度，伤己伤人。因酒而坏事者在生活中比比皆是。这就是古人说的，"酒极则乱，乐极生悲"。事不可极，极之而衰，万事皆如此。

第二节　刚柔：刚柔并济，以柔克刚

《道德经》说："善为士者不武，善战者不怒，善胜敌者不与。"这里的"不武"、"不怒"、"不与"都强调了对暴力刚强的警惕和慎重，而恰恰是这种不逞勇武、不施暴力的刚柔并济之道，能使人达至"善战"、"善胜"的最高境界。

隋末著名大将尉迟敬德刚降唐时，因一起投降的原刘武周的将领纷纷反叛，他也遭人怀疑，被李世民部下囚禁，部下主张杀掉他以绝后患。但李世民对这员猛将却是一见如故，倍加信任。一番推心置腹的动情沟通，李世民把情感的力量发挥到极致，耿直的尉迟敬德从此甘愿为李世民肝脑涂地，南征北战，立下汗马功劳。

以柔克刚，避实就虚

以柔克刚是道家辩证智慧的基本内容之一，作为一种文化基因，已深深地渗透进中国人的血液之中并成为中国人基本的行为方式之一。一个最经典的例证是太极拳。以柔克刚是太极拳中最核心的法则，与对方交手时，太极拳讲究跟随对方之劲路，随屈就伸，借力打力。对方虽然刚劲十足，招数变幻无穷，但我总的原则是以柔化刚，以柔克刚，让对方的力量在己方柔劲中消遁。对方进入己方的防护圈，会陡地发现有劲没处使，或是劲力突然失去了方向和目标，无形中力穷劲尽。所以真正的太极高手，其内劲往往忽隐忽现，若有若无，见之有形，按之无迹，取之不尽，用之不竭。相反，刚劲则是有限的，不仅有限，而且还很容易耗损和自伤。所谓"四两拨千斤"，实是避实就虚、以柔克刚智慧在武学上的生动体现。

一个女孩听见有人敲门，一开门，发现一个持刀男子凶狠地站在门前。不好，遇到劫匪了！这一念头骤然跃入女孩的脑海，但她迅速地镇静下来。她微笑着说："朋友，你真会开玩笑。你是来推销菜刀的吧？我喜欢，我要一把。"接着便让男子进屋，还热情地对男子说："你很像我以前一个热心的邻居，见到你我真高兴，你喝饮料，还是茶？"原来满脸凶气的男子竟有些拘谨起来，忙结巴着说："谢谢，谢谢。"于是女孩买下了那把菜刀，男子拿了钱迟疑了一下便走了。在转身离去的一刹那，男子对女孩说："你将改变我的一生……"

真正有效的控制之道，也必然是以柔克刚的哲学思想的体现。在现实生活中，面对竞争对手咄咄逼人的进攻，面对人际关系中激烈尖锐的矛盾，若能用无形的柔性方式接招拆招，则无疑可以避免两败俱伤的结局。

谦下不争，虚怀若谷

美国著名石油大王洛克菲勒先生曾在其办公室面对一位不速之客长达10分钟之久的恣意谩骂。办公室所有的职员都感到无比气愤，以为洛克菲勒一定会拿起墨水瓶向他掷去，或是吩咐保安员将他赶出去。然而出乎意料的是，洛克菲勒只是停下手中的工作，用和善的神气注视着这位谩骂者。对方愈暴躁，他就显得越和善！那无礼之徒没有遭到抵抗，好比“打出去的拳”全扎在棉花上，终于渐渐地平静下来。末了，他在洛克菲勒的桌子上又敲了几下，仍然得不到回应，只得索然无味地离去。洛克菲勒呢，就像根本没发生任何事一样，重新拿起笔，继续他的工作。

一个优秀的人必须时刻做到谦下不争、虚怀若谷，不断地吐故纳新，博采众长。一个优秀的人要必备两种“若谷”、“上德”：一是有“度”，培育自己广阔的胸襟、无私的情怀、宽宏的肚量、豁达的气度，不仅不会主观武断、固执己见、锱铢必较，而且更重要的是必须能直面“异己”，善待“异心”，包容“异类”，聆听“异见”。二是有“容”，即要像广纳百川的江海一样甘居下游，集思广益。

世界上很多优秀的成功人士大多不是依靠什么管理天赋，而是在后天的学习中谦下虚心、广纳兼听、兼收并蓄。

老子通过江海成为百谷之王的事实启迪人们：既不应忘记自己的使命，成就自己的抱负和理想，更不应忘记“善处人下”的箴言，“不自见，故明；不自是，故彰；不自伐，故有功；不自矜，故长”。人生在世，务必避免高高在上的做派、居高临下的训斥、指手画脚的命令、盛气凌人的武断，力戒“自见”“自是”“自伐”“自矜”，领会道势如水、自然流注、不争而利、无为而治的哲学意蕴，以一种谦下、虚心、平和、包容的“自然”态度孕育“以柔克刚、刚柔并济”的生存之道。

第三节　忧患：居安思危，有备无患

《道德经》有言：“宠辱若惊，贵大患若身。何谓宠辱若惊？宠为上，辱为下，得之若惊，失之若惊。是谓宠辱若惊。何谓贵大患若身？吾所以有大患者，为吾有身；及吾无身，吾有何患？故贵以身为天下，若可寄于天下；爱以身为天下，若可托于天下。”

意思是说：宠与辱如惊鸿乍飞，都是身外的扰攘；而圣人会以天下为己任，宠辱置之度外，矢志不移。关键是要有忧患意识的使命感。什么叫“宠与辱如惊鸿乍飞”？宠为惊鸿乍起，辱为惊鸿乍落，其得到会如惊鸿乍飞一般，其失去也会如惊鸿乍飞一般，纷纷扰扰，来了又去，都是身外的扰攘，所以说“宠辱若惊”。为何说关键是要有忧患意识的使命感？我之所以忧患，是因为我有使命感，如果我没有使命感，我有什么可忧患的呢？所以，崇尚以天下为己任，如果能做到，则天下为之寄望，致力以天下为己任；如果能做到，则天下为之托付。

忧患得以生存

有这样一个有趣而令人深思的实验：把一只青蛙冷不防地扔进滚烫的油锅里，青蛙能出人意料地一跃而出，逃离陷境。然后又把同一只青蛙放在逐渐加热的水锅里，这次它感到舒服惬意，以致意识到危险来临时却欲跃乏力，最终葬身锅底。

由这个实验可以看出，青蛙对眼前的危险反应敏感，对还没有到来的危险反应迟钝。由此及人，其实人在这方面也是如此，正如孟子所说的："生于忧患，死于安乐。"

人生旅途中，逆境催人警醒，激人奋进，而安逸优越的环境却消磨人的意志，使人耽于安乐，尽享舒适，最终一事无成。有的人甚至在安逸之时沉溺酒色，自我毁灭。这与青蛙临难时的奋起一跃和温水中的卧以待毙是何其相似。

"生于忧患"是千古不变的名言，春秋时越王勾践卧薪尝胆的故事是最好的注解。勾践屈服求和，卑身事吴，卧薪尝胆，又经"十年生聚，十年教训"，终于转弱为强，起兵灭掉吴国，成为一代霸主。勾践何能得以复国？这是亡国之辱的忧患使他发愤、催他奋起的结果。这说明，当困难重重、欲退无路时，人们常常能显出非凡的毅力，发挥出意想不到的潜能，拼死杀出重围，开拓出一条生路。

安乐使人消亡

有了生路，有了安逸，人们却往往不能很好地把握，而"死于安乐"。这方面的例子莫过于李自成了。

1644年春，闯王李自成攻入北京，以为天下已定，大功告成。那些农民出身的新官僚把起义时打天下的叱咤风云的气魄丧失殆尽，只图在北京城中享受安乐，"日日过年"。李自成想早日称帝，牛金星想当太平宰相，诸将想营造府第。当清兵入关，明朝武装卷土重来时，起义军大败，溃不成军。

欧阳修说："忧劳可以兴国，逸豫可以亡身。"险情环生时人们能睁大眼睛去拼搏，因此化险为夷；安逸享乐中却意志消退，锐气全无，结果一败涂地。

在汉朝历史上，刘贺这个人是典型的生于忧患、死于安乐的纨绔子弟。《资治通鉴》的作者司马光记载了这样一件事：汉武帝病故以后，身为武帝孙子的昌邑王居然“武帝之丧，贺游猎不止。尝游方与，不半日驰二百里”。中尉琅琊王吉不得不上书建言。在刘贺身边工作的亲随人员眼中，刘贺又是什么样呢？王吉说刘贺是“不好书术而乐逸游”。对于王吉的建言，因为其中一部分确实是为了刘贺的身体健康着想，而且全文义正词严、无可辩驳，所以刘贺嘉奖了王吉。可是，刘贺并没有听从王吉的建议，仍旧“其后复放纵自若”。若干年以后，汉宣帝掌权，对刘贺不太放心，让张敞监视他，并且许以特命，可以便宜行事。但是，张敞报告宣帝说此人确实能力低下，汉宣帝这才放心。从这一个侧面来看，刘贺是一个不折不扣的低能儿，于放纵享乐之中成了一个彻底的无用之人。

“生于忧患，死于安乐”是一个亘古不变的真理。人因为忧患而得以生存，因为沉迷安乐而消亡。历史上多少古人都是在逆境中生存和成长。周文王坐牢时写成了《周易》，孔子在仕途失意后作了《春秋》，屈原被流放时创作了《离骚》，左丘失明后著《国语》，韩非子囚在秦国写《说难》，司马迁遭宫刑后完成《史记》。可见，磨难对于有志者来说是一笔宝贵的财富。

磨难能锻炼人们的意志，激励进取。在磨难中，人们顽强求生，发奋图强，因而能获得坚强和无畏。所以，任凭风吹雨打，依然坚定。这充分说明了逆境造就人才。

可是，当一个人真正功成名就时，却往往容易忘记曾经的磨难。历史上许多大贪官也是从逆境中成长起来的。只是，当他们经过十年寒窗苦读终于金榜题名后，他们忘记了曾经的磨难，只想贪图享乐，最终沦为金钱的奴隶。

请永远地记住磨难吧，不仅因为它可以锻炼人们的意志，也因为它可以在人们面临诱惑时给人们以警示。让“生于忧患，死于安乐”，成为每个人的人生箴言，永远不要重蹈覆辙！

第四节　愚智：大巧若拙，大智若愚

常言道：“难得糊涂。”其实，有时候装糊涂是一种达观，一种洒脱，一份人生的成熟，一份人情的练达。现在的人，唯恐自己不聪明。可是，很多人却忽略了“糊涂”的智慧。苏东坡说：“人皆养子望聪明，我被聪明误一生，唯愿吾儿愚且鲁，无病无灾到公卿。”其实，正如郑板桥所说，“聪明难，糊涂更难，由聪明而转入糊涂更难”。其实，有时装糊涂，行宽容，这是一种与人相处的方式，也是一种生存策略。这样的人可称为“大智若愚者”。

懂得糊涂的智慧

英国的温莎公爵曾主持过一个招待印度当地居民首领的宴会。在宴会结束的时候，侍者为每个客人端来了洗手盆。让人想不到的是，当印度客人看到那精巧的银质器皿里盛着亮晶晶的水时，便以为这是英皇室的待客之道，于是端起来一饮而尽。这一举动让英国贵族们都目瞪口呆，不知如何是好，只是愣愣地关注着温莎公爵。温莎公爵神色自若，不露声色，一边继续与客人谈笑风生，一边也端起自己面前的洗手水，自然地仰起头来一饮而尽。于是，大家也都纷纷端起了自己面前的洗手水，仿效着温莎公爵。宴会在热烈而又祥和的气氛中取得了预期的成功。

在英国宫廷礼仪之中，自然是不能把洗手水喝掉的。而印度首领在没有了解风俗的情况下，冒失地喝掉了洗手水。作为主人，温莎公爵并没有“聪明”地指出他们做法的不妥，而是装了糊涂，跟着将洗手水喝下，避免了印度首领的尴尬，使宴会在和谐的气氛中进行，取得了预期的成功。

温莎公爵一个“糊涂”的做法彰显了自己高贵的品格与风度，树立了良好的个人形象，营造了和谐的氛围。他是一个会装糊涂的聪明人，可谓大智若愚。

无独有偶，宋太宗也是个懂得装糊涂的智慧的人。

《宋史》记载，有一天，宋太宗在北陪园与两个重臣一起喝酒，边喝边聊，两人喝醉了，竟在皇帝面前相互比起功劳来，他们越比越来劲，干脆斗起嘴来，完全忘了在皇帝面前应有的君臣礼节。侍卫在旁看着实在不像话，便奏请宋太宗，要将这两个人抓起来送吏部治罪。宋太宗没有同意，只是草草撤了酒宴，派人分别把他俩送回了家。第二天上午，两人才从沉醉中醒来，想起昨天的事，惶恐万分，连忙进宫请罪。宋太宗看着他们战战兢兢的样子，便轻描淡写地说：“昨天我也喝醉了，记不起这件事了。”就这样，宋太宗既不处罚，也不表态，装装糊涂，行行宽容。

这样做，既体现了上位者的仁厚，更展现了自己的睿智，不失尊严，而又保全了下属的面子。以后，上下相处也不会尴尬，臣属更会为其倾犬马之劳。

其实，温莎公爵和宋太宗都是“智可及，愚不可及”的类型，所谓的“愚不可及”，就是说他“糊涂”的智慧常人不能赶上去。

表面上看起来傻的人，不一定真傻。老子所说的“大智若愚，大巧若拙”就是这个意思。老子当初说这句话，是用它来阐明自己“无为而无不为”的哲学思想，他指出真正的聪明不在于故意显露、要小聪明，

而在于掌握事物的本质规律，使自己的目的得到自然而然的实现。

外愚内智，左右逢源

什么是真正的聪明？有人说：外智而内愚，实愚也；外愚而内智，大智也。智愚之别，实力内外之别，虚实之分。外表聪明的人，将精明表现在外表上，处事斤斤计较，炫耀张扬，唯恐别人不知道自己的精明干练。外表聪明的人往往给人一种威胁感，被人提防，结果聪明反被聪明误。这种聪明实际上是小聪明。

真正的智者，遇事算大不算小，处事低调、为人豁达，做事有节有度。外表看上去愚笨糊涂，实则内里心知肚明。外愚内智的人，工作、生活中能与人和谐相处，左右逢源。外愚内智是大聪明，是一种境界，但还不是大智若愚的境界。要达到大智若愚的境界，首先不能是外表聪明。因为小聪明斤斤计较、过于算计，在生活中让人生厌。精明干练固然好，但锋芒毕露，会给人带来压力，让人处处防范。

要做到大智若愚，一方面要“修”，加强自己的内在修养，做到事事大彻大悟；另一方面要“练”，事事参悟，以自己的参悟身体力行，最后做到“大智若愚，大巧若拙，大音希声，大象无形”。

大音若无声，大象若无形，至美的乐音、至美的形象已经到了和自然融为一体的境界，反倒给人以无音、无形的感觉。

在现代，“大音希声，大象无形”则更代表一种将美融入生活的智慧。情感热烈深沉而不矫饰喧嚣，智慧隽永明快而不邀宠于形。拥有这种智慧的人不用刻意地去想什么、做什么，便自然无形地把情感使用到最值得、最有意义的地方去，从而使自己更好地享受生活。

第五节　进退：懂得居卑处微

《道德经》里说："持而盈而持之，不知其已；揣而锐之，不可常保。金玉满堂，莫之能守；富贵而骄，自遗其咎。功遂身退，天之道也。"这句话的意思是：事物壮大了就会走向衰老；正常的可变为反常，善良可变为妖孽；要求圆满，不如不干；尖利锋芒，难保久常；财宝盈室，谁能守藏；骄奢淫逸，自寻祸患；成功了便隐退，是天的法则。

居卑处微不是不讲原则

有人说，居卑处微就是顺从众议，不固执己见；有人说，居卑处微就是不斤斤计较，为人和蔼；还有人说，居卑处微其实就是傻，就是老好人，就是没有原则。那么，居卑处微到底是什么？

居卑处微，是一种素质，一种文化，一种心态。居卑处微是淡泊名利时的超然，是曾经沧海后的淡然，是狂风暴雨中的坦然。做到居卑处微的人，必定是高瞻远瞩的人、宽宏大度的人、豁达潇洒的人，而胸怀狭窄的人根本做不到这点。

但居卑处微绝不是没有原则。居卑处微的人，是聪明的人，以睿智的目光洞察了世界；居卑处微的人，是谦虚的人，始终明白"尺有所短，寸有所长"的道理；居卑处微的人，是没有贪欲的人，可以很好地控制自己的世俗欲望……居卑处微需要有良好的自身修养。要善于和有不同意见的人沟通，学会换位思考，学会感恩；要真诚地赞赏别人，夸奖别人；要不吝啬自己的微笑。居卑处微需要有淡泊名利的心境。"宠辱不惊，闲看庭前花开花落；去留无意，漫随天外云卷云舒。”居卑处微需要有与人为善的品质。“不以善小而不为，不为恶小而为之”是做人的准则。品味居卑处微的人会成为智者；享受居卑处微的人会成为慧者；拥有居卑处微的人就拥有了一份宝贵的精神财富；善于居卑处微的人，方能悟到居卑处微的真谛。原来居卑处微也是一种能力。

低头不意味着放弃

有一位高僧，是一座大寺庙的方丈，因年事已高，心中思考着选接班人。一日，他将两个得意弟子叫到面前。这两个弟子一个叫慧明，一个叫尘元。高僧对他们说：“你们俩谁能凭自己的力量，从寺院后面悬崖的下面攀爬上来，谁将是我的接班人。”

慧明和尘元一同来到悬崖下，那真是一面令人望之生畏的悬崖，崖壁极其险峻陡峭。

身体健壮的慧明，信心百倍地开始攀爬。但是不一会儿他就从上面滑了下来。慧明爬起来重新开始，尽管这一次他小心翼翼，但还是从上面滚落到原地。慧明稍事休息后又开始攀爬，尽管摔得鼻青脸肿，他也绝不放弃……

让人感到遗憾的是，慧明屡爬屡摔，最后一次他拼尽全身之力，爬到半山腰时，因气力已尽，又无处歇息，重重地摔到一块大石头上，当场昏了过去。高僧不得不让几个僧人用绳索将他救了回去。

轮到尘元了，他一开始也是和慧明一样，竭尽全力地向崖顶攀爬，结果也屡爬屡摔。尘元紧握绳索站在一块山石上面，他打算再试一次，但是当他不经意地向下看了一眼以后，突然放下了用来攀上崖顶的绳索。然后他整了整衣衫，拍了拍身上的泥土，扭头向着山下走去。

旁观的众僧都十分不解，难道尘元就这么轻易地放弃了？大家对此议论纷纷。只有高僧默然无语地看着尘元的去向。

尘元到了山下，沿着一条小溪流顺水而上，穿过树林，越过山谷……最后没费什么力气就到达了崖顶。

当尘元重新站到高僧面前时，众人还以为高僧会痛骂他贪生怕死、胆小怯弱，甚至会将他逐出寺门。谁知高僧却微笑着宣布将尘元定为新一任住持。

众僧皆面面相觑，不知所以。

尘元向同修们解释："寺后悬崖乃是人力不能攀登上去的。但是只要于山腰处低头下看，便可见一条上山之路。师父经常对我们说'明者因境而变，智者随情而行'，就是教导我们要知伸缩退变的啊。"

高僧满意地点了点头，说："若为名利所诱，心中则只有面前的悬崖绝壁。天不设牢，而人自在心中建牢。在名利牢笼之内，徒劳苦争，轻者苦恼伤心，重者伤身损肢，极重者粉身碎骨。"然后高僧将衣钵锡杖交给了尘元，并语重心长地对大家说："攀爬悬崖，意在考验你们心境。能不入名利牢笼，心中无碍，顺天而行者，便是我属意之人。"

世间之人，执着于勇气和顽强的人不在少数，但是往往却如故事中的慧明一样，并不能达到心中向往的那个地方，只是摔得鼻青脸肿，最终一无所获。在己之所欲面前，人们缺少的是一份低头看的淡泊和从容。低头看，并不意味着信念的不坚定和放弃，只是让人们拥有更多的选择和回旋的余地。

第六节　归隐：功成应知身退

《道德经》里讲道：功成身退，天之道。达到自己的目的后，便隐退江湖，应该是一个很美好的构想。想来简单，却难有几人可达此种境界。

做事不能太极端

上天给一个人一件好事，必定会配上一件不好的事搅和一下，所以凡事不可过分要强，得饶人处且饶人，留条路给别人走，留点儿余地给后人活。

俗语说："人心不足蛇吞象。"人们在欲望的道路上总是不想停下脚步，尽管已拥有了取之不尽、用之不竭的财物，已具有了在别人看来登峰造极的地位。但当到达了某一阶段后，曾想过要功成身退的念头却又悄然而去。虽已垂垂老矣，却仍在名誉、地位、金钱、权力的泥潭中苦苦挣扎。最终，大多却难尽如人意，甚至只落得个身败名裂，后悔不已。

春秋时期的范蠡正是因为深语归隐之道，审时度势，才取得了常人达不到的成就，也获得了常人难以体会的幸福。

范蠡于勾践穷途末路之际向勾践进谏："屈身以事吴王，徐图转机。"并陪同勾践"卧薪尝胆"，终于帮助越王勾践成就了他的霸王梦想。但他并未沾沾自喜，更没有被高官厚禄冲昏头脑。因为他了解越王的性格，"长颈鸟喙"，可与共患难，难与同安乐。更因为他清楚"飞鸟尽，良弓藏；狡兔死，走狗烹"的历史规律。事实证明，他的选择是明智的。不久之后，不听从范蠡劝告继续留下为臣的文种便被勾践所不容，被赐剑自刎而死。而此时，范蠡正泛舟齐国，带领儿子和门徒垦荒耕作，开始了一段崭新的生活。依靠自己的聪明才智和商业才能，没过几年，范蠡便积累了数千万家产。但此时，他并没有变成视钱如命的吝啬鬼，而是仗义疏财，施善乡梓。很快，他的才能得到齐王的青睐，随即被请进齐都临淄，拜为相国。而他却产生了隐退的想法，因为他认为："居官至于卿相，治家能致千金；对于一个白手起家的布衣来讲，已经到了极点。久受尊名，恐怕不是吉祥的征兆。"三年后，他再次选择了功成身退，散尽家财，归隐而去。

确切地说，功成身退应该是一种很高的境界，也只有极少数的人才能做到。只有深谙"舍"之精髓，才能尽获"得"之硕果。那需要有极大的勇气，足以忍耐由此而来的寂寞；极为平和的心态，足以面对曾经的热情变成冷漠；极为宽广的胸怀，足以忍受别人的风言风语。还要有察天地变化之道的智慧，以便可以明了自己到底追求的是什么，给自己一个交代。

适可而止，功成身退

古代有个叫石崇的人，富可敌国，他闲着没事儿就爱和王恺斗富。王恺也不甘示弱，他是国舅爷，也非常富有。

一次，王恺捎信请石崇来家做客。石崇来了以后，王恺给他展示自己的新尿盆儿。只见这个尿盆儿是银光闪闪，原来是用银子做的，还镶着金边儿。

石崇一看，明白了。啊，原来是夸耀尿盆儿啊。

过了几天，石崇请王恺到家里来，请他看自己的纯金尿盆儿，本想在边上镶嵌一些钻石，后来怕出危险就没镶。

又比我的强，王恺很恼火，暗下决心，下次找回这个面子。

过了一段时间，王恺得到了一个足足有两尺高的珊瑚。这在现代不算什么，潜水员就能下水取上来。但是，古代没有氧气瓶，潜不下去那么深，这么大的珊瑚就是稀有的珍宝了。他赶紧把石崇叫来，心想这次一定能胜过他。谁知石崇来了一看这个宝贝珊瑚，挥起铁如意就给打碎了。把王恺心疼得上来就要和石崇拼命。没想到石崇说："别玩命，明天我赔你一个三尺长的不就得了吗。"第二天，还真是赔了个三尺长的珊瑚来。

两个人就这么成天斗。后来，石崇被皇帝找了个理由杀了。开始石崇一直喊冤枉，因为确实没有什么明显的理由。后来他想通了，看来是国家缺钱用了，都是这些财富害了他。

适可而止，功成名就之时应全身而退，乃自然之道。逆自然之道者，必败。不要被欲念所左右，时刻知道自己想要的是什么，就不会有抱恨而终的泪水流过脸庞，而是有感激生命的微笑挂在脸上。

第3章

贵真求善，正气凛然——孟子论人生

孟子是孔子最重要的继承人。他的学说在《孟子》中被阐述，其思想在中国颇受崇拜。他被称为“亚圣”，即在智慧上仅次于孔子。孟子出生的年代恰逢周王朝的最后阶段，人称“战国时期”，因为当时的中国在政治上四分五裂。孟子在孔子思想的熏陶下长大，并一直是孔子学说和理想的强大支持者，终于作为一名卓有建树的学者和哲学家而赢得了世人的尊敬。

第一节　仁爱：人性本善，仁者爱人

仁爱是儒家思想的核心，也是中华传统文化精神的根基。《论语·颜渊》记载："樊迟问仁。子曰：'爱人'。"《说文解字》中说："仁，亲也，从人二。"也就是说，"仁"是人与人间相互亲爱的一种关系。

在孔子看来，仁爱分为几个层次。仁爱的根本是孝悌，因为只有在家孝敬父母、敬爱兄长，仁爱才能由家庭推广到社会，才能"泛爱众"，爱君忠君。如何做到"仁爱"呢？孔子曰："能行五者（恭、宽、信、敏、惠）于天下，为仁矣。"而身为统治者，也要"爱民"，即要实行仁政、德政，因为"克己复礼，天下归仁焉"。孔子认为，如果社会中的每个人都能做到仁，具有仁爱之心，上下、长幼、尊卑有序的礼治社会便不难实现。

孔子之后的孟子继承了其"仁爱"的思想，在"亲亲"基础上提出了"人民爱物"的思想。孟子认为人天性中都带有"不忍人之心"、"恻隐之心"，是以仁爱要推己及人，即要"老吾老，以及人之老，幼吾幼，以及人之幼"。

行仁德而爱人

深受儒家思想浸染的古人，上至帝王将相，下至士人百姓，亦身体力行地实践着仁爱思想。比如中国历史上的有道明君唐太宗李世民就以仁爱治国。

贞观初年，李世民对大臣们说："将妇女幽禁在深宫中是浪费百姓的财力。”因此他先后将3000名多宫女遣送回家，任由其选择丈夫结婚。

贞观二年，关中一带干旱，发生了大饥荒。李世民又对大臣们说：“水旱不调，都是国君的罪过。我德行不好，上天应该责罚我。百姓有什么罪过，要遭受如此的艰难窘迫？听说有人卖儿卖女，我很可怜他们。”于是派御史大夫杜淹前去巡查，还拿出皇家府库的钱财赎回那些被卖的儿女，送还给他们的父母。

贞观十九年，李世民征伐高丽，驻扎在定州。他驾临城北门楼安抚慰劳将士。有一个士兵生病，他下诏派人到他床前，询问他的病痛，又敕令州县为他治疗。因此将士都很高兴，愿意随从太宗出征。等大军回师，驻扎在柳城时，李世民又诏令收集阵亡将士的骸骨，设置牛、羊、猪三牲为他们祭祀。李世民亲自驾临，为死者哭泣尽哀，军中将士无不洒泪哭泣。观看祭祀的士兵回到家里说起这件事，他们的父母说：“我们的儿子战死，天子为他哭泣，死而无憾了。”

正是因为唐太宗李世民以仁爱治国，示范官吏，所以深得民心，这无疑为唐朝的繁荣富强奠定了基础。

同样因为以仁爱治理国家而闻名的君王还有汉朝的文帝刘恒、三国时蜀国的昭烈帝刘备、宋朝的太祖赵匡胤、清朝的康熙皇帝等。他们施行的仁爱之政不仅使自身赢得了百姓的敬重，而且还达到了国泰民安、人民安居乐业的效果。

而帝王之外施行仁爱之人并不乏出。

东汉末年的淳于恭就是一个仁爱之人。他的家有山田，也有果树。当时闹饥荒，经常有人去他家的田地偷摘果实和偷割稻禾。对于这些偷盗之人，淳于恭反而采取宽容善待的态度。当看到有人偷摘果实时，他就去安慰、帮助他们采摘，并让偷果实的人把果子带走；当看到有人偷偷到他家田里割庄稼，担心小偷遇见他会感到羞愧，就趴伏在草丛中，等到割庄稼的人从容离去再站起来。由于淳于恭的高尚行为，村落里的人深受感化，后来，偷盗的事情也就很少见了。

同时，在他的引导下，村民们也抛弃了在战乱中生命难保、不愿意耕种的情绪。因为当时村民认为战乱不止，什么时候死都不知道，所以也就放弃了耕种。淳于恭对乡人说："纵我不得，他人何伤！"意思是：就是到时自己死了，得不到，那留给别人享用，又有什么关系呢！淳于恭病逝后，朝廷在他的家乡刻碑，以表彰他的作为。

爱人者将被人爱

《中庸》说："仁者，人也。"意思是说：仁的精神就是人自身具有爱人之心，亲爱人是最大的仁。

秦穆公就是这样做的。他统治下的粗野山民把他驾车的骏马杀掉吃肉。这在那个时代，不管是有意还是无意，握有生杀大权的国君都可以给予重罚。但他没有那么做，因为人比马更高贵。

孟子曾说过这样一句话："君主看待臣子如同手足，臣子就会把君主看成自己的腹心；君主看待臣子如同犬马，臣子就会把君主看成寻常人；君主看待臣子如同尘土、小草，臣子就会把君主看成强盗、仇敌。"人的地位尽管不同，但回报却是对等的，秦穆公曾处危难关头，是他的子民救了他的性命。

孔子的生活中也发生过类似的事情。他去朝廷办公，家里的马棚失火了，回来后他问的第一句话是"伤着人了吗"？却没有问到马。跟马棚有关的是什么人？是马夫、佣工这些身份地位卑微的阶层。正因为孔子关爱他们，他才为世人所景仰，被称为圣人；正因为秦穆公爱护他的子民，秦国才能在他统治下迅速地强大起来，他也才能跻身于春秋五霸的行列。

当今社会更需要人们具有仁爱之心，一个人如果没有仁爱之心，为了利润，为了竞争，不择手段，而置社会主义道德于不顾，于法所不容，必受到法律制裁。一个人宅心仁厚，以诚待人，才能信守诺言，公平公正竞争，不挂羊头卖狗肉，不以次充好；才能遵纪守法、扶弱济贫、助人为乐、尊老爱幼、爱护公物、保护环境、爱岗敬业、服务群众、奉献社会。

仁者，人也。爱人者将被人爱。每个人都是仁的载体，经济越发展，社会越进步，仁爱之心将越来越得到重视，社会也将变得越来越和谐。

第二节　王道：以力服人不如以德服人

孟子曰：“以力假仁者霸，霸必有大国。以德行仁者王，王不待。汤以七里，文王以百里。以力服人者，非心服也，力不赡也；以德服人者，中心悦而诚服也，如七十子之服孔子也。《诗》云：‘自西自东，自南自北，无思不服。’此之谓也。”

这句话的意思是：“凭借实力而假借仁义要称霸，能够称霸的必须是大国；凭借道德施行仁政称王于天下，称王不需要是大国。商汤凭借七十里的地盘，周文王凭借百里的地盘，称王于天下。凭借着武力让人屈服，并不是内心真正的屈服，而是力量不够，无可奈何；凭借道德行为使人屈服，是内心真诚的佩服，就像孔子的弟子敬佩孔子一样。《诗经》上说：‘从东到西，从南到北，没有人不心服的。’说的就是这样。”

“以德服人，以和为贵”是我国传统思想的重要内容，也是处理人际关系的重要准则。但是随着改革开放的不断深入，人们的思想观念不断变化，世界观、人生观、价值观也随着时代的变化在发生着重大的变化。许多传统观念、传统思想也在和诸如利益至上、武力至上等观念发生着严重的冲突。

凡事要以和为贵

儒家的创始人孔子在《论语》中说:“礼之用，和为贵。先王之道，斯为美。”这句话是说:礼的应用，以和谐为贵。古代君王治理国家的方法，好就好在这里。

“一撇一捺是个人，世世代代学做人。”在这个世界上，最难做的就是做个品德高尚的人。一个思想猥亵的人很难取得成功，即使靠钻营取巧也只是暂时的，不可能取得长久的成功。只有品德高尚的人，才能感染周围的人，使团队具有向心力，从成功走向成功。

人有三种，一种是仗势欺人，一种是恃才压人，最后一种是以德服人。仗势欺人的人自恃地位高而指三道四，自然是不可能团结人，更不可能获得成功。恃才压人的人自恃学识高而盛气凌人，或咄咄逼人。殊不知“闻道有先后，术业有专攻”、“尺有所短，寸有所长”，难以学到更高的知识，也就难以取得更大的成功。只有以德服人的人能以自己的修养和品德感染人，勇于吃亏，乐于助人，以德报怨；也只有这样，才能使对立面的人都不忍心伤害，团结到一切可以团结的人。拥有这样的环境，怎么可能不成功?

道德修养是以德服人的基础

以德服人就是要勇于吃亏、乐于助人、以德报怨。那么如何做到以德服人呢？首先要有较高的道德修养，较高的道德修养是能够以德服人的基础；其次要有一定的气质，那种气质就要先感染人，才会有说话的余地；再次要有学识，才讲得出道理；最后要有说话的技巧。这样的人就是一个智者，以德服人肯定没问题。

古语云:“遇欺诈之人，以诚心感动之；遇暴戾之人，以和气熏蒸之；遇倾邪私曲之人，以名义气节激砺之；天下无不入我陶冶矣。”意思是说:

遇到狡猾欺诈的人，要用赤诚之心来感动他；遇到性情狂暴乖戾的人，要用温和的态度来感化他；遇到行为不正、自私自利的人，要用大义气节来激砺他。假如能做到这几点，那天下的人都会被自己的美德感化了。

第三节 本色：君子本色，表里如一

孟子曰："广土众民，君子欲之，所乐不存焉；中天下而立，定四海之民，君子乐之，所性不存焉。君子所性，虽大行不加焉，虽穷居不损焉，分定故也。君子所性，仁义礼智根于心，其生色也睟然，见于面，盎于背，施于四体，四体不言而喻。"

这句话的意思是说：拥有广阔的土地、众多的人民，这是君子所向往的，但却不是他的快乐所在；立于天下的中央，安定天下的百姓，这是君子的快乐，但却不是他的本性所在。君子的本性，纵使他的抱负实现也不会增加，纵使他穷困也不会减少，因为他的本分已经固定。君子的本性，仁义礼智植根于内心，外表神色清和润泽，呈现于脸面，流溢于肩背，充实于四肢，四肢活动而不用言语，别人也能理解。

本色是最耀眼的

有一个皇帝想整修京城里的一座寺庙，便派人去找技艺高超的设计师，希望能够把寺庙整修得美丽而庄严。

很快，就有两组人员被找来了，其中一组是京城里有名的工匠，另外一组是几个和尚。皇帝不知该选哪一组，就出了个试题，让这两组人各去整修一个小寺庙，这两座寺庙恰好面对面。皇帝说，只给他们三天时间，三天之后，他来查看效果。

工匠一组向皇帝要了一百多种颜色的颜料，又要了很多的工具。而和尚这一组，却只要了一些抹布和水桶。

三天之后，皇帝来了。他首先查看的是工匠们所装饰的寺庙，只见这座寺庙五颜六色，所用的工艺也非常精巧，皇帝满意地点点头。

接着，皇帝又转头看和尚整修的寺庙，只看了一眼就愣住了：寺庙非常干净，里面所有的物体都显出了它们原来的颜色，而它们光泽的表面就像镜子一样，反射出外界的色彩—天上的云、地上的树以及对面五颜六色的寺庙—外界的一切，都变成了它美丽色彩的一部分，而这座寺庙只是宁静地接受这一切。皇帝被这种庄严深深地感动了。

每件事情都有自己的风格和特点，有时人们需要做的，仅仅是如实地展现它们。

有人说："活着常常感到苦，感到累。与人寒暄，言不由衷；为人处世，身不由己。戴着面具，去演绎逢场作戏的故事，用坚固的铠甲与盾牌去防备人家包裹自己。于是，人生成了战斗，人生成了演戏。"如此时时警戒的变装，能不感到苦与累吗？为什么不展示出本色呢？本色不是色彩教程，而是对自己的坦白和剖析；不是随性而至的个人传记，而是自我修炼的成功秘诀。每个人都应该展示出自己的本色，活出精彩人生，永远体味"人生如初见"的美丽。

本色做事，坦荡做人

很多人都有过这样的体验：步入家中放下行装，洗掉脸上的油彩，解开紧箍脖子的领带，脱掉僵硬带味的西装，或横躺或直卧，彻底地放松自己，露出生命的本来面目，此时就会感到无穷的开心和惬意。谁在乎脸上有雀斑呢？谁在乎姿势不体面呢？谁在乎自己有这样那样的缺点与遗憾呢？生来不很完美，自自然然地把本相交给自己，为什么不坦坦荡荡地把本心亮给他人？

走进朋友的内心，不能凭把盏的次数，不能凭语言的花巧。华丽的包装饰出迷人的美，却常掩盖了做人的真；漂亮的祝福能愉悦神采，却不能滋润心田。

本色不是浅淡，不是冷漠。赞美或批评，这一切都是真情流露。这是人生中真正的“绿色食品”，真诚使友谊与山高与水长。受了委屈，可哭，不能强憋痛苦；有了喜事，可笑，让天真的童心如山花般烂漫；不需要有深深的城府，活着，何不让自己觉得可爱？让别人觉得可亲？

保持本色，不要为了防范别人而时时处于备战状态，因而丧失做人的乐趣。

保持本色，不要为了取悦别人而仰人鼻息，从而丧失做人的风骨。

保持本色，不要为名为利而变腔变调，不矫揉，不造作，尽显真我风采。

本色如同青藏高原的纳木错，湖水格外平静和清澈。天光云影，草色花艳，无不掩映其中。假如湖水被染了被污了，它又怎能把赤橙黄绿青蓝紫全部包容其中呢？本色就是这样的湖水，好像不着色，其实涵盖了人生的任何一分美！

第四节　奋进：以坚韧执着的态度面对人生

舜从田野之中被举用，傅说从筑墙工作中被举用，胶鬲从贩卖鱼盐的工作中被举用，管夷吾从狱官手里释放后被举用为相，孙叔敖从海边被举用进了朝廷，百里奚从市井中被举用登上了相位。

所以上天将要降落重大责任在一个人身上，一定要首先使他的内心痛苦，使他的筋骨劳累，使他经受饥饿，以致肌肤消瘦，使他受贫困之苦，使他做的事颠倒错乱，总不如意。通过这些来使他的内心警觉，使他的性格坚定，增加他不具备的才能。

人生要有积极的态度

人犯错误，然后才能改正。内心困苦，思虑阻塞，然后才能有所作为。这一切表现到脸色上，抒发到言语中，然后才被人了解。在一个国家内部如果没有坚持法度的世臣和辅佐君主的贤士，在国外如果没有敌对国家和外患，国家常常走向灭亡。

这就可以说明，忧愁患害可以使人生存，而安逸享乐使人萎靡死亡。

有一个名叫丹普赛的孩子，他生下来就是一个畸形人，四肢不全，只有半边右足和一只右臂的残端。作为一个孩子，他想跟别的孩子一样运动。他喜欢踢足球，他的父母亲就给他做了一只木制的假足，以便他能穿上特制的足球鞋。丹普赛一小时接着一小时、一天接着一天地用他的木脚练习踢足球，努力在离球门越来越远的地方将球踢进去。他变得极负盛名，以至新奥尔良的圣哲队雇他为球员。

当丹普赛用他的跛腿在最后两秒钟内、在离球门63码的地方破网时，球迷的欢呼声响遍了全美国。这是职业足球队当时踢进的最远的球。这次圣哲队以19∶17的比分战胜了底特律雄狮队。

底特律雄狮队的教练施密特说："我们是被一个奇迹打败的。"

"丹普赛并不曾踢中那个球，那球是上帝踢中的。"底特律雄狮队的后卫沃尔凯说。

任何一种人生目标的实现，都不是一帆风顺的。但是只要执着，只要奋力坚持，即便自身条件不好，也一定会感动上帝，创造奇迹的。这个"上帝"就是自己。人的一生就像一趟旅行，沿途中有看不完的春花

秋月，但也有数不尽的坎坷泥泞。如果能保持一种健康向上的心态，即使身处逆境、四面楚歌，也一定会有“山重水复疑无路，柳暗花明又一村”的那一天。

要有坚韧不拔的精神

在地震抢险的队伍中，有一支装甲兵部队，负责从山脚往村民聚居的山顶送粮食，再从山上把伤员背下来，战士们采用接力的办法。

其中一个小战士，负责的一段路，把粮食送上山需要两个半小时，背着伤员下山需要3小时。时间就是生命，在整个抢险救援的过程中，他始终不歇息，浑身疼痛也不吭声。

有一天，当他背着50公斤粮食上山时，阵痛加剧，像是有什么东西卡住了肠子，异常难受。可他只是把腰带紧了紧，死死扎住痛处。当他背着一名老奶奶蹒跚着下山时，突然扛不住了，就在他身子歪倒之前，仍拼命用手撑住地面，将老奶奶轻轻放下，之后他昏了过去。

战友们立即将他送进医院的急救帐篷，两位教授紧急会诊后大吃一惊：由于疝气引起穿孔，小肠已肿大，必须立即手术，否则危及生命。

教授在成功为其实施手术后介绍说，这种病完全是因为过度劳累造成的，肠子穿孔的疼痛非常人所能忍受，何况还在负重奔波。护士们为他更换衣物时，看着他10个磨烂的脚趾和为了止痛用武装带紧紧勒住腰部造成的血痕，都为这个刚强的小战士落泪了，称他为“钢铁战士”。

钢铁战士，是因为牢记全心全意为人民服务的根本宗旨，自觉践行革命军人的神圣职责，有钢铁的意志和坚强的信念，能够将这两者融合到一起，就是一个不怕任何艰难困苦的人，就是一个被人民崇敬、被人

们称道的人。坚强不屈是军人的高贵品质。

有这样一则故事：有一个年轻人到一家电器厂谋职。这家工厂人事主管看着面前的小伙子衣着肮脏、身材瘦小，觉得不理想，信口说："我们暂时不缺人，你一个月以后再来看看吧。"这只是一个推辞，没想到一个月以后，这个小伙子真的来了。那位负责人又推说："过几天再说吧。"隔了几天，他又来了。如此反复多次，主管只好直接说出自己的态度："你这样脏兮兮的是进不了我们的工厂的。"于是小伙子立即回去借钱买了一身整齐的衣服穿上再次去面试。负责人看他如此实在，只好说："关于电器方面的知识你知道得太少了，我们不能要你。"不料两个月后，他再次出现在人事主管面前："我已经学会了不少有关电器方面的知识，您看我哪方面还有差距，我一项项来弥补。"这位人事主管紧盯着态度诚恳的小伙子，看了半天才说："我干这一行几十年了，还是第一次遇到像你这样来找工作的。我真佩服你的耐心和韧性。"于是，年轻人得到了这份工作，并通过不断努力成为电器行业的非凡人物。故事的主人公就是后来松下公司的总裁——松下幸之助。

懂得尊重他人，能忍受痛苦、委屈，就会减少碰撞和摩擦，世界就会在心中变大，矛盾减少，欢乐增多，阳光灿烂，生存空间也就自然显得宽阔了。

第五节　贫富：穷则独善其身，达则兼济天下

孟子谓宋勾践曰："子好游乎？吾语子游：人知之，亦嚣嚣；人不

知，亦嚣嚣。”

曰：“何如斯可以嚣嚣矣？”

曰：“尊德乐义，则可以嚣嚣矣。故士穷不失义，达不离道。穷不失义，故士得己焉；达不离道，故民不失望焉。古之人，得志，泽加于民；不得志，修身见于世。穷则独善其身，达则兼济天下。”

以上这段对话的意思是：孟子对宋勾践说：“你喜欢游说各国的君主吗？我告诉你游说的态度：别人理解也安详自得；别人不理解也安详自得。”

宋勾践问：“怎样才能做到安详自得呢？”

孟子说：“尊崇道德，喜爱仁义，就可以安详自得了。所以士人穷困时不失去仁义，显达时不背离道德。穷困时不失去仁义，所以安详自得；显达时不背离道德，所以老百姓不失望。古代的人，得志时恩惠施于百姓；不得志时修养自身以显现于世。不得志的时候就要管好自己的道德修养，得志的时候就要努力让天下人（就是指百姓）都能得到好处。”

用孟子的话来看看这几者之间的延伸：“富贵不能淫，贫贱不能移，威武不能屈”、“居仁由义，舍生取义”、“为民父母与民同乐”、“浩然之气，仁者无敌”。放在现代社会，应该可以这么理解：不发达的时候，就要做好自己，做一个本分人，使自己的修养素质得到提高，尽力而为。发达了，广施善事，为社会多出一份力，多做好事，量力而行。

人们都说三穷三富活到老，没有哪个人一生下来就什么都有。即使有这样的人，那也不是靠自己的双手打拼来的，无论是继承还是上天的恩赐，那都不是值得炫耀和自负的资本。

独善其身与兼济天下

“穷则独善其身”，在贫穷面前，切不可就此颓废，不思进取、自甘堕落。穷则思变，在贫穷的时候，更要对自身的条件和素质加以磨炼和调整。更要在艰苦的环境下对未来和前景加以规划和调整，认清自己的方向，不可好高骛远，好大喜功，做好眼前的每一件小事、每一个环节，不以善小而不为，不以恶小而为之。纵有清贫之身，不可有清贫思想与智慧。正所谓：书山有路勤为径，学海无涯苦作舟。在逆境中不断追求自我完善的过程，此为，穷则独善其身是也！

“富则兼济天下”，当有了一定的财富，且不能忘了还有芸芸众生。天下并没有唯我独尊，有富便有穷，有穷便有富，这只不过是万物轮回的自然规律罢了。所以要明白，任何人的富有，只不过是用自己的智慧和机遇独揽了大多数人的财富，因为在芸芸众生中，所谓富人永远都是占少数的。就此，即使已跨入所谓富人的行列，也不要忘记自己仍然是这地球的一分子，依然承担着服务社会环境的义务和责任，仍然有提高整个社会生活质量的义务和责任。因此要做一个亲和善良的人，要做一个以行动回馈社会、以榜样影响周围的人。

欲“兼济天下”，先“独善其身”

古人云：“达则兼济天下，穷则独善其身。”讲的是仁人贤士的处世态度：飞黄腾达时不忘施惠于天下，失意落魄时也洁身自好。此两种情况除了“非此即彼”的存在方式以外，还有着更为玄妙的关系。

比如绿树，它使大地充满生机，为自然调节气候，给人类带来幸福，可谓“兼济天下”。然而，绿树为了这一切，必须深深扎根于土壤中，不断吸收水分和养料，则是“独善其身”。由此可见，“独善其身”是“兼济天下”的重要前提。

这个在大自然中得出的结论在人类社会中同样适用，而且有着更为丰富的含义。

有的人，有着“兼济天下”的美好愿望，却缺少“独善其身”的修行，结果“壮志难酬”。这样的例子举不胜举。比如一位忧国忧民的将军，满心希望收复河山，使人民过上安定和美的生活，但他却迟迟得不到重用，不由得日日哀叹。试想，若他练就一身盖世神功，神勇无人能比，怎会不受重用？除非他是众多优秀将领中普通的一员，并不出类拔萃。没有非常的能力，就得不到非常的任用，没有非常的功绩也是理所当然的结果了。

有的人，有着“兼济天下”的机会，却不做“兼济天下”的事，是因为缺少“独善其身”的修行。一个有钱人，肯为处于困境的人流下“鳄鱼的眼泪”，却不肯掏出口袋里的钱币，这是因为他缺少做人的美德；一个懦弱的君主，拥有至高无上的权力，却内惑于官宦，外欺于邻国，是因为他缺少帝王领袖的能力；一个权臣，千方百计为己牟利，却不顾百姓于水火，是因为他不懂得遵守身为人臣的本分；一个工人，在其位而不职其务，是因为他不懂得遵守职业道德。

由此可以看出，一个人对社会贡献的大小取决于他自身价值的高低。每天高喊豪言壮语是没有用的，最好的行动就是不断地完善自身。

因此，人们应该努力学习知识和方法，武装自己的头脑，为以后的事业提供智力支持；还应该加强思想道德修养，树立正确的世界观、价值观、人生观和审美观，为以后的人生指引正确的方向。超凡的学识会让人们获得“兼济天下”的机会，而高尚的情操会使人们乐意做“兼济天下”的事。

厚积而薄发，出色源自于本色；欲施惠于天下，先完善自己。

第六节 达观：心胸开朗，见解通达

孟子曰：“尽其心者，知其性也。知其性，则知天矣。存其心，养其性，所以事天也。夭寿不贰，修身以俟之，所以立命也。”

在慷慨入世，以天下为己任，标举仁政王道以匡救天下的人生追求上，孟子是坚韧执着的。他的坚韧执着近乎迂阔。但是，在衡物处世的行为方式上，他并不失因时权变、乐天知命的圆通与达观。

处事圆通，做事达观

所谓圆通，是一种衡物处世的智慧和艺术。具体地说，也就是行为取舍，知法度而不拘泥于法度，明事理而不迷执于事理，经权有度，知进知退，不苛求，不极端，动静相宜，从容中道。

有齐人问孟子："依礼制，男女授受不亲，那么，如果您自己的嫂嫂掉进水里，您可以用手去拉她吗？"孟子认为，嫂子掉进水里，如果不去搭救，那简直就是豺狼。男女授受不亲，这是礼制，是"经"；但礼制也可以依具体情况而变通，这是"权"。嫂嫂溺水而去搭救，这就是以权通变，这与守礼之常是不矛盾的。

在处理个人与他人的关系上，孟子既反对"拔一毛而利天下不为"的极端"为我"主义，又反对墨子摩顶放踵、毁伤自己而利天下的极端的利他主义，孟子主张不固执一端的中道。而且，孟子认为，即使主张中道，也要懂得变通之法而不可固执于"中"，否则"执中而无权，犹执一也"。可见，这样的处世观达到了原则性与灵活性的高度统一。

所谓达观，是指乐天知命的精神。孟子认为，在人的生活和社会实践中，有成之在己者，这叫作"力"；有成之在天者，这叫作"命"。对于成之在己者，有道君子当尽自己的最大努力去追求，对于成之在天者，有道君子不必怨天尤人，而当顺受其正。一个人只要做到了自己应当做和能够做的，其余的一切便应当付之于"命"。只要尽了自己的道义，便可以问心无愧。至于结果，无论成功与失败、穷困与通达，都无损于也无加于其人生价值。故孟子说："存其心，养其性，所以事天也。妖寿不二，修身以俟之，所以立命也。"

只有有道德的人，才能摆脱命运的困扰；只有摆脱命运困扰的人，才能享受到人生的快乐。一个人若能达到知天、事天、乐天、同天的精神境界，便获得了一个真正哲人的快乐。

达观是味精神良药

达观，是一味精神的良药，可以使消沉者铄然振作，使悲观者欣然忘忧，使遭逢逆境者处之泰然。此药虽良，却是产于自我之心灵。因此，遇挫折而消沉、处困境而悲观者，须自制其药，自医其疾。

说达观是一味药，只是比喻。《辞海》对于“达观”一词的解释是：“达观，旧称对人生抱消极的看法，一切听其自然，随遇而安为‘达观’。亦谓对不如意的事情看得开。”这种解释显然不够贴切。达观并非是一种消极的人生态度。达观的人固然须随所遇而安，对不如意之事看得开，但同时还要随所遇而能乐，看得开而后有所为，才是真达观。否则，达观岂不成了自我安慰、自我麻醉的同义语？对于真正达观的人而言，遭遇打击，心理仍能保持平衡状态，身处困境，仍能安之若素，且能乐对困境，昂然进取，岂能说是“对人生抱消极的看法”？

在中国历史上，能够达观处世的人颇多，而刘禹锡的人生经历最能诠释“达观”一词的含义。

> 刘禹锡两次被贬官，辗转颠踬于蜀、粤、皖等地达23年，然而，他无论久处穷山恶水，还是置身于边远之地，皆能泰然处之。他被贬往和州（今安徽和县）时，自建陋室，写下脍炙人口的《陋室铭》，在文中将陋室比作诸葛亮隐居南阳的草庐，扬雄在西蜀读书的亭台。虽遭贬谪，身居陋室，却仍悠然自得。“沉舟侧畔千帆过，病树前头万木春”，通过他结束漫长贬官外放生涯之后写下的诗句，足见其达观豪放的胸襟。他为政之余，寄情于笔墨，以诗文作为“见志之具”，一生写下诗文40卷，其中多有传世佳作，被白居易推崇为“诗豪”。

当然，达观处世，须胸襟开朗、识见通达，且多为天生之精神气质使然，故非人人可以做到。因命运多舛或遭受沉重打击，心中极度的不平与怨愤且长期难以释怀，以致抑郁成疾，甚至神医束手，百药难救者，也时见于史籍。

西汉文学家贾谊被贬为长沙王太傅后，心情忧伤，曾作《鵩鸟赋》，以老庄的达观自慰，其中有“达人大观兮，物无不可”、“德人无累，知命不忧”等语。但他终难达观，于33岁之盛年郁郁而终。

时至今日，因遭遇挫折、身处困境而不能达观以对者，也不乏其人，或因竞争某职败北而一蹶不振，或因某事不能如愿而郁郁寡欢，或因遭遇社会的歧视而心理严重失衡，更有因长期的抑郁或意外事件的刺激而自杀者。这些人之所以如此，皆因心灵中缺少达观这味良药。

“莫听穿林打叶声，何妨吟啸且徐行。竹鞋芒杖轻胜马，谁怕？一蓑烟雨任平生。”苏轼这阕《定风波》颇能显示他的豪放气概—我即使已一无所有，但只要有竹鞋芒杖助我行路，有一件蓑衣遮体，就可以任凭它风吹雨打，将一切打击与磨难置之度外，视歧路为坦途，一路履险如夷，歌啸前行。一个人有这样的精神气概，人生旅途中还有什么样的挫折坎坷不能应付？

第七节　心境：人生要随遇而安

《孟子·尽心下》有言：“若将终身焉。”宋代的朱熹集注：“言圣人之心，不以贫贱而有慕于外，不以富贵而有动于中，随遇而安，无预于己，所性分定故也。”

俗话说：“不如意之事十有八九。”每个人的一生当中，根本就不可能永远都是风平浪静。人生遭际不是个人力量所能左右的。而在诡谲多变、不如意事常存的环境中，唯一能使人们不觉其拂逆而使得心情轻松的办法，那就是要做到使自己“随遇而安”。

坚持信念，随遇而安

“橘生淮南则为橘，橘生淮北则为枳”，是何缘故成了如此？水土不同是也。想一想，人如果像橘，应该如何应对呢？当今社会千变万化，每个人一生当中所处的环境不会一成不变，人们怎么去面对呢？有大智慧的人都认为，坚持自己的信念，随遇而安。

在很久以前，有一个寺院，里面住着一老一小两位和尚。

有一天老和尚给小和尚一些花种，让他种在自己的院子里。小和尚拿着花种正往院子里走去，突然被门槛绊了一下，摔了一跤。手中的花种洒了满地。这时老和尚在屋中说道：“随遇。”小和尚看到花种洒了，连忙要去扫。等他把扫帚拿来正要扫的时候，突然天空中刮起了一阵大风，把散在地上的花种吹得满院都是，老和尚这个时候又说了一句“随缘”。

小和尚一看，这下可怎么办呢？师傅交代的事情，因为自己不小心给耽搁了，连忙努力地去扫院子里的花种，这时天上下起了瓢泼大雨，小和尚连忙跑回了屋内，哭着说自己不小心把花种全洒了。然而老和尚微笑着说“随安”。

冬去春来，一天清晨，小和尚突然发现院子里开满了各种各样的鲜花。他蹦蹦跳跳地告诉师傅，老和尚这时说“随喜”。

对于随遇、随缘、随安、随喜这四个“随”，可以说就是人生的缩影，在遇到不同事情、不同情况的时候，人们最需要具有的心态就是“随遇而安”。而且，一个人如能不管际遇如何，都保持快乐的心境，那真比有百万家产还有福气！

大文学家苏东坡曾经多次被流放，可是他说，要想心情愉快，只需要看到松柏与明月就行了。何处无明月，何处无松柏？只是很少人有他那般的闲情与心情罢了。如果大家都能够做到随遇而安，及时挖掘出身边的趣闻乐事，去找寻苍穹中的闪耀星星，就算环境没有任何改变，自己的心境从此也会大不一样了。

“宠辱不惊，看庭前花开花落；去留无意，望天上云卷云舒”，古人的这副楹联为人们描述了一个恬淡超然的意境，如果要选择一个词语来高度概括的话，非“随遇而安”莫属。《现代汉语词典》中对随遇而安的解释为：能适应各种环境，在任何环境中都能满足。因此，身处顺境时，不得意忘形、趾高气扬；身处逆境时，不怨天尤人、自暴自弃；成败得失转换之际，仍能物我两忘、泰然自若。

现实生活中，人们为名所驱、为利所役、为情所困，活得很苦很累，更难保持住平淡谦和的心境了！因此，树立起达观、乐观、随遇而安的观念非常必要。

随遇而安不等同于传统意义上的知足常乐，它包含了更为博大精深的哲学意义，是人与自然、社会和谐共处的切入点。更确切地说，随遇而安是一种泰山崩于前而色不变的大胆魄，是以不变应万变的大智慧，是顺应天人合一境界的大谋略。

环境往往会有不如人意的时候，问题在于个人怎么面对拂逆和不顺。知道人力不能改变的时候，就不如面对现实，随遇而安。与其怨天尤人，徒增苦恼，就不如因势利导，适应环境，从现有的条件中，尽自己的力量和智慧去发掘乐趣。从容地从不如意中发掘新的前进道路，才是求得快乐与安静的最好的办法。

随遇而安是一种生存哲学

儒、释、道三大教派在我国源远流长，对中国人的影响更是无与伦比。佛家讲究因果报应，儒家主张中庸处世，道家则强调清静无为。三者看似风马牛不相及，但细细一品味，三家的教义中莫不隐含了随遇而安的观点。

有因方有果，有果必有因，冥冥之中，轮回之间，众生无我，苦乐随缘，既然一切皆有定数，随遇而安岂非最明智的选择？

程颐对中庸的解释为：不偏之谓中，不易之谓庸。儒家处世有出世、入世之分，用一句话概括起来就是：达则兼济天下，穷则独善其身。个人价值捆绑于社会环境中，中庸之道与随遇而安观念不谋而合。

至于道家，强调始终坚持修身养性，与世无争，致力于玄学的研究，摆脱了世俗的羁绊，自然而然地选择了随遇而安的处世哲学。

具体到大千世界中的芸芸众生，如果人们没有防腐拒变的定力、视金钱如粪土的卓识，又何必痴迷于职位的升迁、金钱的积累呢？只要履行公民应尽的义务，恪守公民应遵守的道德规范，遇事不骄不馁，以平常心待之，真正做到“世事洞明莫玩世，人情练达应助人”，即便身微言轻，无力施展济世泽民的宏图，也可以做到问心无愧、随遇而安了！

第4章

事在人为，开拓进取——荀子论人生

荀子博学深思，其思想学说以儒家为本，采道、法、名、墨诸家之长。他以孔子的继承者自居，维护儒家的传统。其对孔子思想有所损益，政治思想中突出强调了孔子的“礼学”，颇有向法家转变的趋势，后期法家代表人物韩非子、李斯都出于荀子门下，并非完全偶然。荀子处在战国末期的时代，诸子各派的思想学说均已出现，这使得他不仅能采纳诸子思想，又能进行批判和比较，所以荀子的思想非常丰富。可以说，宇宙论、人性论、道德观、知识论、教育观、文学、政治学、经济学和逻辑学等各个方面，荀子都有所建树。

第一节 自知：人贵有自知之明

“短绠不可以汲深井之泉，知不几者不可与及圣人之言。”这句话说：短而又细的绳索，不能打捞出深井里清澈纯洌的泉水，才智平平、品行一般的人，不可以与他评论圣德之人的教诲。

做人和做事都要量力而行

人贵有自知之明。做事之前，首先要将自身情况把握清楚，然后量体裁衣，量力而行，这对为人处事有着极其重要的意义。准备就绪了，条件成熟了，时机到来了，再着手去做。这样，才会有成功的可能。如若不自量力，不听劝告，自高自大，一意孤行，不但不会取到地下清洌可口的泉水，反而会有绳断桶亡的危险。德行平平、才智低下，却偏要对圣人的言论大加评论，不但不会扬名天下，反而会贻笑大方，为天下人耻笑了。一国之君、一家之主更需谨慎行事，量力而行，虚心听取臣下意见，仔细考虑利害得失，这样方不至于铸成大错，遗臭万年。

做人不能高傲自大，一意孤行

春秋时期的宋国是一个中原小国，方圆只有几百里，百姓也只有十数万，没有力量外侵，仅聊以自保而已。国君宋襄公才智平平、无智无谋，却好大喜功、自高自大，整天幻想着有朝一日也能像齐桓公那样当上盟主，一匡天下，九合诸侯，从而青史留名，人人颂扬。宋襄公身边一些谄谀小人便投其所好，对其极尽奉承，说："襄公德配尧舜，智过姜尚，将来一定能成就一番万世不移的丰功伟业，只是现在时机未到，一旦时机成熟，宋国就可以一步登天了。到时，宋国的疆域将无限扩大，人民将无限增多，天下百姓都争先恐后前来归附，四方诸侯也都争相拜见，心甘情愿接受襄公的差遣……"小人们的阿谀奉承使宋襄公越发觉得自己了不起，竟飘飘然做起了统一中原、争当霸主的美梦，仿佛自己是尧舜再世，在不久的将来，华夏神州将成为他的天下，四方士民都要来听候他的调遣。

朝中一些忠贞大臣见宋襄公整日不自量力地做着白日梦，又好笑又好气，真怕国君哪天突然心血来潮，效仿古代帝王做出什么"千秋伟业"，那宋国百姓岂不遭殃？于是，纷纷劝谏宋襄公："国君呀，你心高志远，一心要做出一番惊天动地的大事业，我们不反对。相反，我们都为有你这样一位有志气、有抱负的君主而高兴呢！可是，大王你应好好考虑一下宋国的实际情况呀！我们宋国只不过是一个方圆只有几百里的小国，怎能和大国抗衡呢？小国依附大国是容易办到的事，但是小国若是想让大国依附像我们这样的小国，那可就难了。况且，我们能够自保已经很不容易了，万一我们稍有不慎，惹怒了大国，那宋国可就危险了。到那时，我们只有坐以待毙，任人宰割了。所以，臣下请求大王一定要有自知之明，不可奢求太多呀！"

宋襄公一心要当盟主，对这些逆耳忠言哪里听得进去？他固执地反驳道："不是这样的，不是这样的！国不在大小，而在于老天的保佑。倘若老天想让谁当盟主，其他国家再大，也只得乖乖听命。现在，上天已经把君临天下之命赐给我了，宋国马上就要当盟主了，我们再也不用低声下气地讨好大国了，再也不用向他们进献什么金银珠宝了……"

大臣们听了都惊讶得合不拢嘴，忙问道："这是怎么回事？大王这话从何说起？"

宋襄公见群臣面面相觑，更加高兴了。他扬扬自得地说："就在今年春天的一个傍晚，我在宫中欣赏音乐，正听得高兴，忽然外面传来一阵轰隆隆的响声，我忙跑出去，只见一块碗大的宝石从天上掉下来，正巧落在我的园内……哈哈哈，你们说，这不是上天降下来的宝贝吗？这是我们宋国将要成为霸主的征兆呀！还有，三天前的一天早晨，本来天气晴朗，万里无云，忽然间狂风大作，天上一只老鹰竟然身子往后，倒退着飞……你们说，这不是一件很奇怪的事情吗？这都是我要当盟主的预兆呀！”

大家听了，觉得很奇怪，议论纷纷，有的信以为真，有的将信将疑，有的则断然不信。其中一位大夫突然大笑起来，对宋襄公说：“君主呀，从这两件事你就认为自己能当上盟主吗？那可未必然。这简直是滑天下之大稽，传出去，恐怕要遭到诸侯的耻笑了。这两件事，根本就不是什么预兆，只不过是很正常的自然现象而已。那从天上掉下来的所谓宝贝是陨石，不是什么神灵、宝物，我家屋后也有一块那样的石头……至于老鹰倒退着飞嘛，那是因为风太大，老鹰抵不过大风，所以才往后退。”

宋襄公听他道明真相，勃然大怒，生气地斥责道：“你给我住口。我说是神灵保护就是神灵保护，用不了多久，我就要做诸侯国的盟主啦。到那个时候，看你还敢不敢这样说。哼！”

宋国大臣们见他鬼迷心窍，白日做梦，也就不说什么，只是暗地里笑他痴心妄想。一些忠良之士虽然很担心，可劝谏无用，只好作罢，由他去了。

有一年，宋襄公主持召集会盟，郑国没有到会。宋襄公认为这是他称霸中原的好机会，于是，他不顾群臣反对，以郑国轻视宋国为名，兴师问罪。楚国是郑国的盟国，得知消息后，立即派兵援救。

宋襄公亲自率领大军，浩浩荡荡，向郑国开去。宋国军队来到泓水岸边，正巧遇见楚国军队渡河。司马子鱼见后，高兴地对襄公说：“国君，现在正是攻打楚国的好机会。你瞧他们正准备渡河，毫无防备，我们趁机攻击，他们肯定无力反击，我们这一仗一定能胜！”

宋襄公却很坦然，他不以为然地说：“不能这样。人家还没有准备好，我们怎能突然袭击呢？那样做太不仁义了。况且，像我们宋国这样纪律严明、勇敢善战的军队，哪用得着使用这样卑鄙的手段呢？”

宋襄公非但不采用司马子鱼的建议，反而把他说成了个不仁不义之人。司马子鱼听了，闷闷不乐，走到一边打探军情去了。很快，楚军便全部渡过泓水，正忙着整理战车、兵戈。司马子鱼急忙跑到襄公面前，催促道：“国君呀，现在攻击楚军还来得及，趁他们还没有布开阵势，我们赶快出击吧，否则……”

话还没说完，就被襄公制止了：“急什么？没看见人家还没摆好阵势吗？你想让我落个不仁不义之名，让天下诸侯指责我吗？像我这样圣明的君主怎能做那样的事？等楚军摆好阵势，我们再进攻也不迟嘛！反正我们终究会胜利，你急什么？”

任凭司马子鱼苦苦相劝，襄公硬是按兵不动，结果错过了战机。楚军带好了兵戈，喂饱了战马，摆好了阵势，一阵响鼓敲过，潮水般冲过来，宋军这才匆忙应战。结果，宋军寡不敌众，招架不住，撒腿就跑。司马子鱼保护宋襄公退却，楚军追赶上来，一戈刺在宋襄公的左腿上，幸亏司马子鱼左右掩护，才逃回军帐中。

宋军大败而归，宋襄公从此再也不敢胡思乱想了。他的伤势越来越严重，终于在第二年的夏天死去了。

宋襄公不自量力，一意孤行，以小国之力抗大国之兵，又虚仁假义，沽名钓誉，结果自食其果。后人一定要引以为戒，不可不自量力，一意孤行。

常言道：“没有金刚钻，不揽瓷器活”、“人有多大劲，就出多大力”。其意无非是告诫人们要量力而行。固然，勉强去做，或许能够获得意外的收获，但其概率实在是小之又小，“勉强”的结果往往是失败，而失败不但会折损自己的斗志，又常常招致他人的嘲笑。

诚然，每个人都希望自己有所建树，但一定要量力而行。量力而行，能够将自己的损失降到最低，同时又可以在理性的观察中掌握环境发展的趋势，待东风起时，便可以脱颖而出。

第二节 外表：不可以以貌取人

荀子曰："相形不如论心，论心不如择术。形不胜心，心不胜术。"这句话的意思是说，与其从一个人的外表、长相去评判他的命运好坏、成功与否，不如去评论他的思想。评论他的思想，又不如检查他的行为。形貌胜不过思想，思想胜不过行为。荀子在告诫人们，不可以以貌取人，要看重他的思想、行为。

做人不必执着于外貌

古人迷信，认为从人的外表可以预卜人的吉凶祸福。对此，荀子坚决反对，并列举了大量例子来驳斥古人的谬误。他指出一个人有无作为、能否成功，不在于他的外表美丑，而在于他的所言所行、所作所为。只要有能力、有志向、有勇气，即便是奇丑无比，也一定能成功，理想最终也会实现，而如果一个人不努力、不奋斗，只沾沾自喜于自己的外貌，即使是貌比潘安，也终将一事无成。因此，人们绝不可以以貌取人，不可为自己的外貌不美而自卑自贱，或为自己的外表美丽而自喜自傲。事在人为，只要去努力，必然就会有收获。

用自己的才智去争取幸福

战国时期，齐国有一女子，奇丑无比，绝无仅有。她的头像椿臼，眼睛深陷，手脚粗壮，鼻孔朝天，脖子肥大，头发稀少，弯腰曲背，皮肤粗糙。因此，齐国人给她取了一个很有意思的名字“无盐女”。无盐女虽已年过三十，但仍待字闺中。看到一起长大的姐妹们都已有所归属，而自己仍是孑然一身，无盐女心如刀绞。无奈齐国人都知道她相貌丑陋，谁也不愿娶她为妻。但是，无盐女聪慧过人，智谋超群。她不甘心因为容貌丑陋而耽误自己的青春，断送自己一生的幸福，下定决心要通过自己的聪明才智争取属于自己的幸福与荣耀。

经过一番深思熟虑，无盐女换上一件干净利落的衣服直奔齐王宫而来。到了王宫门口，她对守门人说：“我是齐国唯一一个嫁不出去的女子。听说我们国君博爱爱人，仁德足以与天齐平，所以特地前来拜见大王，愿在大王的侍妾中充个数，为大王打扫后宫。请您把我的想法传达给大王。”

守门人听她说得可怜，便将此事报告给齐宣王。齐宣王正在宴请群臣，大家畅饮正欢。听完守门人的报告，大家都忍不住哈哈大笑起来，有人甚至讥讽说：“这个女子真是太不自量力了，竟敢提出如此的无理要求，真是天下最不知羞耻的人。”群臣你一句，我一句，纷纷劝说齐宣王将她赶走。可齐宣王却不这样认为，他摆摆手说：“见见又何妨呢？”于是让守门人带无盐女进来。

不一会儿，无盐女便来了。群臣见到无盐女的怪样子，都捂着嘴窃笑起来，心想：天下竟然有这样丑陋的人，今天可算开了眼界，果然是奇丑无比，绝无仅有呀！

只听齐宣王对她说：“我身为一国之君，早已娶了妻子，也已经纳了妾，她们个个艳若桃李、美如天仙，而且各有职守，也都尽职尽责。你的模样实在太丑，连乡下的穷光蛋都不愿意娶你为妻。而你却想留在我的身边，希望得到我的眷顾，你不认为这很荒唐吗？或者说，难道你有什么奇异的才能吗？”

无盐女镇定自若，并没有因为群臣的嘲笑而退缩。听完齐宣王的问话，她不慌不忙、不卑不亢地回答说：“我没什么奇能，只是仰慕大王您的仁德而来。”齐宣王又问：“那你总该有什么爱好吧！”无盐女想了一会儿，说：“我曾经学过隐语。”齐宣王一听，兴趣大增，兴致勃勃地问道："隐语？我平时也很喜欢隐语。既然如此，不妨当场表演一下……"齐宣王话还没说完，无盐女已经转身走了。群臣及左右侍从见了，面面相觑，不知是怎么回事。齐宣王急忙让人查看有关隐语的书籍，却一无所得。回宫后，又思考了很长一段时间，仍然弄不懂其中的道理。

第二天一大早，齐宣王便迫不及待地召见了无盐女，询问她昨天隐语的事情。无盐女却闭口不答，只是双眼瞪着齐宣王，并朝他龇着牙，咧着嘴，双手捂着胸口，很痛苦地叫道："危险啊！危险啊！"这样一连叫了四声。齐宣王见了，如坠云里雾中，更加不知所措了。无奈，只得谦恭地对无盐女说："我愿意听从您的指教，请您快说吧！"无盐女见齐宣王诚心诚意，这才郑重地对他说："您所统治的国家，西有横秦，南有强楚，这两个国家势力强大，对齐国构成了重大的威胁。而大王您不任用贤能之人，不以国事为务，却亲近小人，接近美色，整日饮酒作乐，疏于政务。国人对您这种行为早已不服。一旦您死去，齐国将会发生大乱，这是其一。您奢侈无度，大兴土木，聚敛财富，宫里黄金珠宝比比皆是，而老百姓却疲于生计，流离失所，朝不保夕，这样下去，天下苍生都会离您而去，这是其二。您治理国家，不能任用贤能之人，使他们退居山林，您的周围聚集了一大批谄谀小人，政治昏暗、腐败成风，朝中一片乌烟瘴气，进谏者无路可进。对此，百姓早已忍无可忍，这是其三。大王您沉迷于酒色，内不修国政，外不接诸侯，唯乐是务，唯美是求，这是其四。现在国家有这四种危险，而大王您却不自知，所以我刚才连呼四声以提醒大王您一定要以社稷为重，切不可图一时安乐而造成杀身亡国之恨呀！"

齐宣王见无盐女说得情真意切，头头是道，句句在理，便愧疚得不能自已，同时对她刮目相看，崇敬万分。齐宣王长叹一声说："听了您的话，我真是感到无地自容呀！我现在才意识到问题的严重性，再不醒悟，齐国真要危险了呀！"于是，齐宣王命令停建楼台，斥退小人，任用贤臣，并打开粮仓，分发给穷人。齐宣王又选了一个良辰吉日，立无盐女为王后。从此，在无盐女的辅佐下，齐国国民人人安居乐业，户户粮足仓满，齐国国力渐渐强盛起来。楚国与秦国见齐国国泰民安，四海升平，也不敢对齐国进犯了。

无盐女本是一丑女，但她不向命运低头，不自卑自贱，而是利用自己的聪明才智，争取到了自己的幸福，不但富贵一生，更是留名千古。她以自己始卑终贵的故事启示人们，人丑不可怕，可怕的是没有志向，没有勇气，没有决心，更没有毅力。如果人人都能像无盐女那样不以自己的丑陋为耻，不因为自己的相貌而自轻自贱；只要心中充满了希望，充满了必胜的信念，勇于奋斗，勇于争取，那么，人人都终将获得自己的幸福，都终将拥有美好的明天。

第三节　劝学：锲而不舍，朽木可折

荀子曰：“锲而舍之，朽木不折。锲而不舍，金石可镂。”这句话的意思是说：用刀子雕刻事物时，如果刻一下就把它放在一边不管，那即使是腐朽了的木头也不能刻断；而如果能不停地刻下去，即使是金属和石头也能雕上花纹，甚至刻穿。

高楼万丈平地起

每个人都知道，大千世界的任何事物都是由各个部分组合而成的。例如巨大的房子是由砖、瓦、木等构成，而微小的细菌也是由多个细胞组成，即使是单细胞细菌也是由更小的部分构成的。在学习上也是如此。从小读书，先从汉语拼音开始，而后认识一个个简单的字，逐渐能读会写，这都是要经过一个相对的过程才能够做到。荀子说“锲而不舍”，强调的正是要坚持不懈，重在积累，一个个台阶走上去，最终能取得光

辉成就。但有些人可能觉得这样太慢了，他不想一步步地走，他心里着急，眼光又高，想一口吃成个胖子，结果当然达不到预定的目标，于是又可能垂头丧气，甚至一蹶不振。这都是没有明了这个道理。其实，不仅学习上要坚持不懈，为人上也要如此。所谓天才，是百分之九十九的汗水加上百分之一的灵感。所谓成功，是经历了多次失败经验的积累加上更加坚定的努力。为学为人，只要能够用心专一，相信下一个成功者就是能够锲而不舍的你。

南北朝时期，梁朝的陶弘景在《真诰》中曾讲过这样一个故事：从前，有一个人姓傅，名字已经不知道了，就叫他“傅先生”吧。这位傅先生从小就企慕神仙，喜好修炼道术，希望自己有一天也能成为长生不老的仙人。为了实现这个梦想，他一心一意地修炼。开始是在家里，但家里毕竟人来人往，不够清静，而且红尘滚滚，就是神仙也不愿意涉足其中啊！要找神仙，还是到山中比较好。于是，他离开家人妻子，一个人隐居在焦山的石室中修炼丹道。日升月落，时间一天天过去，傅先生一直在山中独自默默地修炼，转眼就过了7年。

傅先生的精诚努力终于感动了太上老君。有一天，太上老君亲自来到焦山，交给傅先生一副木钻，让他用木钻钻一块厚达五尺的磨盘巨石，并对他说：“只要你能将这块石头钻透，就能得道成仙。”言罢飘然而去。

傅先生对着太上老君望空拜罢，就毅然拿起木钻，对着那块巨石钻了起来。他日也钻，夜也钻，几乎昼夜不停。但他手里拿的是木钻，而面对的却是又硬又厚的石头，其速度可想而知。要是一般人，可能早就放弃了。但傅先生却坚信自己终有一天能够钻透石头，而且他把这当作太上老君交给他的修炼工作，并以此作为自己修炼成仙的最高目标。于是他坚持不懈地工作下去，谁知，这样一干又是40多年！

一直到第47年的一天，傅先生发现自己手里的木钻快要磨尽，而石头却还没钻透。他心里不禁也焦躁起来：如果神仙交给自己的木钻磨尽，而石头未穿，怎么办？犹豫半晌，坚持钻下去的想法还是占了上风。于是他又拿起少得可怜的木钻，对着那似乎永远钻不透的巨石钻了下去。不知不觉，眼看木钻就要磨尽了，忽然，手中一松，令傅先生吃了一惊。拿起木钻仔细一看：原来那块巨石已经被他钻透了！即使是经历了数十年的修炼，傅先生还是禁不住泪眼婆娑，喜形于色！两眼盯着巨石，整个人似乎呆了。但看着看着，他的眼前不禁一亮：就在那巨石被钻透的地方，一枚神丹静静地放在那里！他终于得到了梦寐以求的神丹！

就在这时，太上老君又飘然而至。他慈祥地对傅先生说："上天被你的精诚所感动，赐你神丹一枚，服食后你就羽化成仙了。同时，你已经被封为南岳真人，上任去吧。"

在这则故事中，傅先生仅凭手中的木钻居然钻透了厚达五尺的巨石。如果没有精诚专一的精神和坚忍不拔的劳动，又怎么可能做到呢？这种精神和努力如果用在学习上，优异成绩的取得绝对是必然的。古代有许多寒门学子在艰苦的条件下努力求学，终于取得了成就。

努力赢得成就

匡衡是汉代著名的学者，当时曾流传着这样的歌谣："当着匡衡的面，千万不要谈论《诗经》；要是匡衡讲论《诗经》啊，每个人都会听得喜笑颜开。"匡衡的学问由此可见一斑。据晋代葛洪《西京杂记》卷二记载：匡衡从小就勤奋好学，几乎手不释卷。白天读了整天的书，还觉得不够，晚上还想读书。但匡衡家里很贫穷，仅能勉强糊口，哪里有余力为他购买蜡烛读书呢？有时晚上月光明亮，匡衡可以借着月光读书，但更多的时候是看不清的。匡衡并不灰心丧气，他发现隔壁邻居家每天晚上都点着蜡烛到深夜，但他们家并不一定要读书，怎么办呢？

有一天晚上，月亮不是很好，匡衡勉强读了一会儿书，觉得实在看不清楚，才心有不甘地回到屋里。可一躺在床上，那恼人的月光像是要故意逗他，偏偏透过窗棂照在他脸上，令人哭笑不得。想着想着，对着月亮的匡衡脑际灵光一现：是啊，月光可以透过窗棂照在屋里，那……终于，匡衡做出了一个大胆的决定：把这道隔开烛光的墙壁凿一个洞，不就行了吗？想到就做，匡衡找了个凿子，就开始了他的工作。墙壁其实并不厚，并没费多大劲，原本黑黝黝墙壁就陡然有了个亮点，再挖几下，好！透过来的光线正好可以读书了！匡衡心里真是太高兴了！拿过书就继续读起来。

可过了一会儿，刚刚沉浸在书中的匡衡听到一连声的惊叫：“哎呀！这墙上怎么有个洞啊！是不是老鼠作怪呢？赶紧堵上吧！”果然，随着说话声，光线也消失了。这时匡衡心里也想起来自己的错误了，虽然邻居还没发现，但这样也不好，而且总不能天天挖墙吧。想到这里，匡衡恭敬地对邻居解释了自己的所作所为和想借光读书的想法。或许是因为他的诚实有礼，也或许是因为他刻苦读书的精神，总之，邻居答应了匡衡的请求，还为了他读书方便，将蜡烛放置得靠墙壁近些，点燃蜡烛的时间也长了些。这样，匡衡读书的时间就比较充足了，后来他终于成为一位当世有名的大学者。同时，匡衡凿壁偷光的故事也就这样流传下来了。

其实，不仅一般人想做出点成就来需要努力，即使是那些才华横溢的人，想要做出一番成就，也同样离不开勤奋努力。古今中外无数的例子都说明，凡是取得了一定成就的人，其成就的取得都是付出了艰苦努力的结果。今天的人们，在天资聪颖上绝不亚于古人，况且客观学习的条件又远远超过了古人，想要成就一番学业乃至一番功业，该是理所应当的。关键的一点，是看一个人是否肯努力学习、努力工作了。相信只要有恒心、有毅力，成就一番事业，达到自己的理想，该是顺理成章的事。

第四节　言语：说话是一门艺术

良言一句值千金

荀子曰：“谈说之术：矜庄以莅之，端诚以处之，坚强以持之，譬称以喻之，分别以明之。”意思是：说话的艺术在于：用严肃庄重的态度来对待人，用正直真诚的态度跟人相处，用坚强的信心来帮助人，用巧妙的比喻让人了解，用分析的方法让人明白。

美式幽默经常为人所津津乐道。据说美国总统克林顿有一回对他的女秘书说：“你这件衣服真是漂亮，你真是一位可爱的小姐。只是我希望你录入文件时，能注意一下标点符号，让你的文件像你一样可爱。”

那可爱的女秘书对克林顿的这番话印象非常深刻，经常谨记在心，从此以后，她录入的文件就很少再出错了。

美国是世界强国，而身为美国民选的总统，克林顿可以算是极有权力、地位的人，如果要摆阔气、摆架子，别人也不敢说些什么。不过，他却以非常委婉的方式请别人改善缺点，这也可以说是他修养好、度量大的表现。假如他像一个大老板似的向属下大吼大叫：“你这个秘书怎么搞的！连标点符号都搞不清楚，你到底会不会打字啊！”得到的结果，恐怕非但打字稿没得到改善，背后还会出现很多闲言碎语吧！

有一句话说得不错：“良言一句三冬暖，恶语伤人六月寒。”有许

多人在说话时，往往因为自己站得住理，便对别人颐指气使、恶言相向，原本可以好好谈，双方好言收场的事，却被弄拧了，弄糟了。

所谓得理饶人，不是没有道理的。多为别人想一想，就算不能“己之所欲，先施于人”，至少也得“己所不欲，勿施于人”。每个人都需要被尊重，给别人留面子，也是给自己留面子。职位虽然分高低，人可是不分贵贱的，每个人都有做错事的时候，被善意的提醒，改进了自己，也会感激别人。

善于运用自己“辨”的能力

荀子曰：“之所以为人者，何已也？曰：以其有辨也。”意思是：人之所以是人的原因是什么呢？荀子说：因为人有辨别的能力。

人是什么？人区别于自然界其他动物的根本何在？这是人类意识到自身独立于自然界之后所不能不追问的问题。荀子说：因为人有思考辨别的能力。也许有人会说，根据现代科学研究，动物也有一定的思维辨别能力。殊不知荀子早就说过：禽兽有父子关系，却没有人一样的父子亲情；有雄雌的不同，却没有男女之别。荀子于《王制》篇还说：“水、火没有生命力，草木有生命力却无知觉；禽兽有知觉却没有‘义’这一人之伦理分别的内容；而人有‘气’、有知觉、有生命力，而且还有义，所以‘为天下所贵’。”可见，义是荀子所强调的，而这更依赖于人的思辨能力。这并不仅是人区别于动物有智慧的思辨，更多的是礼义廉耻的内容。因为凭着人的聪明才智，如果在人格修养上等同动物，那人只会比动物更可怕。正因为如此，儒家特别重视礼义，即以礼的形式和道德修养相结合构架民族伦理道德体系。在荀子之前的孟子甚至不惜以“舍生取义”来标榜。而自古以来，也有很多人义无反顾地实践了这一主张，成为中华民族的脊梁。他们之所以能够做到以生命为代价，也正在于他们有思想，有辨别美丑的思辨能力。

汉武帝天汉元年（公元前100年），匈奴单于继位，因畏惧汉武帝派兵进攻，就主动派使者送回以前被扣押的十多批汉朝使者，并谦恭地对汉武帝说：“汉朝是匈奴的丈人，我做晚辈的怎么敢得罪长辈呢？”汉武帝非常高兴，就决定派苏武以中郎将的身份出使匈奴，让张胜和常惠做副手，不但将以前扣押的匈奴使者全部送回，还让100多个士兵带了许多礼物。谁知匈奴单于使的是缓兵之计，并不是真心与汉朝和睦。看到苏武等人以及带来的礼物，以为汉朝中计，更加傲慢地对待他们。

在苏武到匈奴之前，有个汉朝使者叫卫律，经不住匈奴的威逼利诱而投降。因为匈奴很需要有汉朝人帮他们出主意，就特别优待他，封他为丁灵王。卫律的副手虞常虽然也投降了匈奴，但心里一直不乐意，想暗杀卫律，逃回汉朝。正巧，他跟张胜是好朋友，就偷偷地来商量说：“听说咱们皇上恨透了卫律，我准备把他杀死。我不想别的，只希望朝廷能善待我的母亲。”张胜很同情他，也愿意帮助他。谁知道虞常没能把卫律杀死，自己反倒被抓住了。匈奴单于叫卫律审问虞常，张胜感到很害怕，就把虞常的话告诉了苏武。苏武一听就急坏了：“要是虞常供出了你，我们都会被当作罪人审问。这事关国体，不是给汉朝丢脸吗？还不如先自杀得好。”说着就拔刀向脖子上抹去。张胜和常惠拼命又拉又劝，苏武才没自杀成。

幸亏虞常顶住了严刑拷打，没有牵连到苏武，只承认与张胜说过话。匈奴单于想借此机会杀掉汉朝使者。有个大臣说：“即使他们谋杀大王，也不过是个死罪。现在还没有那么严重，还是让他们投降吧。”匈奴单于就叫卫律去命令苏武他们投降。

苏武一听就说：“丧失气节，侮辱使命，就算活下去，又有何意义？”一面说着，又拔刀自杀。卫律急忙抱住苏武，但稍微迟了一点儿，苏武的脖子已经受了重伤，流出很多血来。卫律急令去请医生，常惠等人禁不住痛哭流涕。匈奴医生赶来时，苏武还没苏醒。医生令人刨了个坑，里面生起文火，铺上木板，让苏武脸朝下趴在木板上，医生用脚踩他的脊背。好半天，苏武才苏醒过来。

匈奴单于听说了这件事，心中反倒十分钦佩苏武，更想让他投降。就令人好好照顾他，直到痊愈，才叫卫律想法劝他投降。卫律就把苏武请来，在堂上坐下，看他审问虞常和张胜。虞常态度强硬，大骂卫律是汉朝的叛徒，卫律大怒，当场就把他杀了。接着卫律又对张胜说："你是汉朝的使者，却与虞常通谋暗杀单于的大臣，也是死罪。可单于有令，只要投降，就可以免罪。"接着就举起刀来对着张胜。张胜非常害怕，连忙投降了。

卫律看到威吓、利诱的两手都已得逞，觉得时机差不多了，就转向苏武说："你的副手有死罪，你也得连坐。"苏武据理力争："我与他既不是同谋，又不是亲属，何来连坐之罪？"卫律说："要么投降，否则就是死路一条！"说着就又拿着杀虞常的刀对苏武砍去。苏武昂然不惧，反倒把脖子一伸。这一下，卫律赶忙缩回刀去，改说好话："苏将军，我也是迫不得已才投降的。可单于封我为王。给我人马牲畜上万。如果您今天投降，明天就会与我一样。您这么固执地丧命草野，又有谁会知道呢？"苏武冷着脸不回答。卫律以为有机可乘，就又说："您若听我良言相劝，我情愿与您结为兄弟。要不然，恐怕您不会再见到我了。"

苏武实在忍不住了，站起身来用手指着卫律说："卫律！你是汉人的儿子，做了汉朝的臣子。而今却对上背叛了朝廷，对下背叛了父母，贪生怕死投降了敌人，还有脸来跟我说话！再说，单于信任你，叫你来审问案件，你又不能主持公道，反倒挑拨离间，要引起两国的争端。你也不想想，南越杀了汉朝的使者，就被汉朝灭了，原来的国土改为汉朝的九个州郡；大宛国的人杀了汉朝的使者不久，自己也被人送到了长安受刑。难道你也要单于学他们的样子吗？你明明知道我不会投降的。我并不怕死，可是你若惹了祸，也绝没有好下场。"

面对苏武的责骂，连卫律自己也红了脸，只好去禀告单于。单于听了，对苏武更加赞叹，也更想让他投降，就开始折磨他。先把苏武关在地窖里，不给吃喝。苏武本不怕死，可这种情况下，却不愿白白死掉。正好天下大雪，便就着雪吃羊皮、毛毡，一直坚持了18天。匈奴人没想到他有这么强的生命力，打开地窖一看他还活着，大吃一惊，简直把他当成了神仙。

单于又要封他为王，苏武还是坚决不投降。单于就把他赶到北海(今贝加尔湖附近)牧羊，临走跟苏武说：“等到公羊生了小羊，你就可以回汉朝。”这分明是说苏武一辈子都别想回去了。苏武也不在乎，他想得更多的还是没有完成汉武帝的使命，愧对使节。他要坚强地活下去，直到能回到汉朝。但北海那里实在太冷僻，不要说粮食，连动物都很少。苏武就白天吃草根，晚上挖野鼠，剥皮生吃。一晃十几年过去了，他一直抱在怀里的使节(皇帝交给使者所持的木杖)也因日夜摩挲，上面的穗子都掉光了。

后来，“飞将军”李广的孙子李陵也因在与匈奴的战斗中失败被俘而投降。单于听说他与苏武原来是好朋友，又命他来劝降苏武。李陵告诉了苏武苏家的情况：“您两个兄弟因为不小心触犯了汉朝的法律而被迫自杀，其妻子、儿女也都不知下落，您现在对汉朝还有什么留恋的？”又说：“想当初我也不是真投降，而是想暂时忍让一下，以后再找机会报答朝廷。可皇帝一听别人的诬陷，也不念我昔日功劳，不问清楚就把我的父母、妻子全部杀了。现在我们还守节做什么呢？人生短短，即使您坚持志节，又有谁会知道呢？”可是苏武丝毫不为所动。

过了几天，李陵又说：“子卿，你还是听我的吧！”苏武更加坚定地说：“我自己想来，早就该死很久了。你若是一定让我投降，那就让我们今天尽情叙叙旧，然后我就死在你的面前好了。”李陵被苏武的忠诚所感动，不禁长叹：“您真是忠义之人啊！与你相比，我和卫律的罪过有天大了！”自觉惭愧，挥泪而去。

又过了几年，李陵听到武帝驾崩的消息，赶来北海告诉苏武。苏武一听，心中悲痛异常。面南长跪，咯血数口，大哭不止，并按照礼节早晚哀哭数月，给武帝挂孝。

汉昭帝继位不久，匈奴内乱，怕汉朝进攻，就主动和亲通好。汉朝询问苏武的消息，匈奴说苏武已经死了。后来汉朝使者到了匈奴，常惠找机会偷偷见到使者，说明了真实情况，并教使者对匈奴单于说：“皇帝有一天猎获一只大雁，腿上系着一块布条，上面说苏武还活着，现在在北海。”第二天，使者照着常惠的话责问匈奴单于，单于大惊，随后道歉说："苏武确实还活着。"于是把原来的人都集中起来，总共只有9个人了。

汉昭帝始元六年（公元前81年），苏武一行终于回到阔别19年的长安，受到皇帝、大臣的隆重接待。汉昭帝看着苏武白发苍苍的样子和只剩一根木棍的节杖，忍不住流下了眼泪，说："您在太庙里向先帝（武帝）交还节杖吧。"苏武牧羊的故事也由此在历史上流传下来。

苏武之所以能够坚持气节、宁死不屈，正是因为他能辨清忠贞为国与变节投敌的本质区别。卫律正是忽视了这种区别，才甘心投降；李陵虽有悔悟，却又无可奈何。"辨"的重要意义由此可见一斑。其实，不止大事如此，在日常生活中，如果善于运用自己"辨"的能力，也必将会有很多意想不到的收获。

第五节　方法：用方法提高效率

无法而不成事

荀子说："操弥约而事弥大也。"意思是说：操持得越简约，而事业就越广阔。

这里讲的是一个方法论问题。凡事都要讲究方法，可以说，无法而不成事。学习，需要找到一种最适合自己的方法，才不至于浪费时间、精力，才可以一劳而永逸，实现自己远大的理想；做事，也需要尽量寻找一种最合适的、最简便易行的解决途径，以求顺利、迅速地完成任务。

春秋战国时期，各诸侯国为取得霸权地位而展开了激烈的角逐，其中自然离不开人力、物力、财力，乃至军事武备的竞争。可是，仅仅在这些方面取得优势还不行，要想取得霸主地位，还需要懂得方法问题、策略问题，这也就是春秋战国时期的“权”“术”之学。找对了方法，用对了策略，不但可以节省人力、物力，还可以转危为安，甚至可以起到力挽狂澜的效果。因此，荀子提出了这个问题以提醒大家，以免浪费时间精力。荀子在这里强调，无论学习做事，还是治国为政，都不可盲目行事，而首先应寻找一种最最简单易行的方法、策略，以求事半而功倍，节约人力、物力、财力，以免造成不必要的资源浪费、财产损失与人员伤亡。

楚王巧计除巫婆

远离中原的楚国，是一个充满奇彩异想的国度，更因伟大诗人屈原的瑰丽诗篇以及他传奇般的人生蒙上了一层浓浓的神秘气息，吸引了万万千千的人去探索、去歌颂、去赞美。在神秘而瑰丽的楚国，一直有尊神信鬼的传统。春秋战国时期更为严重，几乎是家家供神，人人信鬼。楚国人对鬼神都小心翼翼，毕恭毕敬，不敢有半点儿得罪。老百姓们逢事便卜，遇事便占，希望通过自己的真诚获取伟大而善良的神灵们的同情与谅解，从而脱离苦难，免去灾祸，走出贫穷，过上幸福而甜美的生活。这样一来，便有一些人，特别是巫婆趁机利用人们这一心理来发财致富。其中一位巫婆特别可恶，她勾结乡里的恶霸无赖，又通过乡里的恶霸无赖与都城的恶霸无赖取得了联系，并通过都城的恶霸打听一些官府的消息，乃至案件的胜败。就这样，由于她消息灵通，她的占卜预测往往灵验，准确无误，毫厘不爽。善良无辜的人们不明就里，慢慢地竟对她信任起来，逢事便来求她占卜问询结果。一传十，十传百，巫婆的名声越来越大，甚至超过了楚王。楚国的男女老少把她奉为神明，仿佛她便是神明的化身，对她唯唯诺诺，言听计从，甚至还为她修建了阔大的生祠。

这个巫婆凭借这种手段聚敛了大量的金银珠宝。面对着白花花的银两，享受着百姓的信赖与敬仰，她竟然飘飘然起来，仿佛自己真的成了神灵，开始对百姓飞扬跋扈，不再轻易给人算命占卜，以此来抬高身价，甚至幻想能与楚王平起平坐，分享楚王半壁江山。她又散布谣言，声称自己是上天派下来为民请命、为百姓申冤的神灵；并宣言，如若百姓有什么要求，她一定尽量满足，使他们脱离苦海。这样一来，百姓纷纷倒向巫婆，谁还把楚王放在眼里？

巫婆的种种神奇和百姓们对巫婆的趋之若鹜渐渐地传到了楚王的耳中。楚王听后，简直忍无可忍，心想：她只不过是一个卑贱的巫婆，竟敢与我堂堂一国之君分庭抗礼，争夺民心，简直是胆大包天！楚王越想越气，立即派兵以妖言惑众之名杀死了巫婆，捣毁了祠堂，并放火烧掉了祠堂。一时间，火光四射，烟雾障天。百姓见楚王不但杀死了巫婆，还将象征神灵的祠堂付之一炬，都惶惶恐恐，议论纷纷，认为这种行为会受到天谴。但是迫于楚王的压力，都敢怒而不敢言。恰巧这时楚国发生了大旱，土地干裂，地里颗粒无收。百姓们无以为生，因饥饿死去的人横尸旷野，其状惨不忍睹。愚昧的老百姓们把原因完全归罪于楚王，怨恨楚王杀死了巫婆，得罪了上天，使老天发怒，久旱不雨，百姓遭殃，国人受罪。一些巫婆趁此机会大肆散播谣言，诬蔑楚王，指责他不顾天下百姓死活，只为一己私利，杀害圣灵，使天下苍生受此劫难，并扬言说，如若楚王不知反悔，继续为所欲为，楚国将遍地白骨，无人能活。楚国人民信以为真，对楚王也更加怨恨了。

楚王见楚国上下沸沸扬扬，国人个个对他气势汹汹，又见楚国大旱不止，国库空虚，百姓死亡无数，心中很是着急，对装神弄鬼的巫婆们更加痛恨了，真想将她们一一逮捕归案，从重发落。次日上朝，召见群臣，商议计策。群臣中有人主张向别国求援，先解决百姓生存问题；有人主张将那些搬弄是非、图谋不轨的巫婆全部铲除杀光，以除心头之恨。楚王见群臣的主张各有道理，便决定一边派人向邻国求援，一边整顿国事，逮捕巫婆，将她们全部处死，以儆民众。

大臣熊蛰父听说后，连忙进谏楚王，说：“听说大王您准备逮捕巫婆，并将她们全部处死，有这回事吗？”楚王气呼呼地说：“确有此事。这些巫婆不安心分内之事，却处处与我为敌，妖言惑众，致使楚国上下人心惶惶。她们犯下如此目无尊长、违法乱纪之事，难道不该杀吗？我不杀她们，不足以解我心头之恨。我不杀她们，不足以平民愤。况且，倘若我今天不杀她们，她们会越来越大胆，如果放任自流，恐怕楚国真要毁在这几个小小的巫婆手中了。”听完楚王这番话，熊蛰父毕恭毕敬地说：“巫婆妖言惑众，扰乱民心，罪该当杀，即便是诛灭九族也不足以抵挡她们所犯下的滔天大罪。只是，卑臣认为，现在时机未到，还不到将她们逮捕归案的时候。现在，楚国上上下下、男女老少对巫婆奉若神明，信而不疑，而对大王您呢？他们正对您怒火中烧。大王您在这个时候做出杀死巫婆的决定，只会激起民众更大的怨愤。如若有不轨之人趁此向您发难，大王您的君位、您的身家性命可就难保了。凡事都要讲究方法，要想顺利解决此事，将它消灭于无形之中，既不激起民愤，又能铲除巫婆，需要寻求一个万全之策，切不可操之过急。卑臣不才，却也已想出一个计策，大王不妨试一试，也许能帮大王渡过难关呢！”楚王听了，喜出望外，赶紧催问是何计策。熊蛰父接着说：“大王您听说过大禹治水的故事吗？他的父亲鲧治水以堵为主，结果事倍功半，不但没能将大水治理好，反而赔上了自己的性命。大禹则不然，他一改其父之法，采用疏导的方法，结果治水成功，受到百姓爱戴，成为一国之君。大王您不妨做一回大禹，顺应民意……”

楚王听后哈哈大笑，马上吩咐左右，完全照熊蛰父的意思去办。他派人去邻国请求援助，获得诸国的资助，将粮食衣物分给百姓。百姓吃饱了，穿暖了，便不再像从前那样忌恨楚王了。楚王又一改往前作风，也像百姓那样信起鬼，供起神来了。他又命令众巫推举一名大巫来主持祀鬼奉神之事，并重新为他们修建了祠堂，还送给她们许多金银珠宝。国家有什么事，无论大小，也都要去大巫那里请示占问。与此同时，楚王又在全国招揽了大批优秀人才，委以重任，平息了许多诉讼纠纷、冤假错案，罢免了一些贪官污吏，对乡邑和国都的恶霸进行了严厉的惩治。这样一来，社会诉讼事件少了，百姓们都能安心生活，无人再向巫婆们提供消息，她们的话也不再灵验和准确了。慢慢地，老百姓们便不再像从前那样相信他们了。

时隔不久，楚国边境发生了战争，楚王故意向巫婆祈祷，询问这件事的前因后果、解决方案。巫婆们由于事先对这件事一无所知，慌忙之中，瞎编乱造，结果句句落空。楚王趁机斥责巫婆说话不灵，误了国家大事，使百姓蒙难，并下令将巫婆们一律处死，以示群下，又公布了她们的罪行，烧掉所有的祠堂和鬼神的偶像。这样一来，楚国再也没有人敢宣扬鬼神，借机发财了。

楚王采用熊蜇父之计，既没有激起民愤，更没有动用一兵一卒，轻而易举便将欺骗百姓、获取私利的巫婆除掉了。既除却了心头之恨，又重新赢回了民心，这完全得益于采用了切实可行的处事方法。如果当时楚王不听熊蜇父的建议，一意孤行，后果将不堪设想，也许中国的历史将因此改写了。

无论学习做事，一定要注意方法，讲究策略，万不可盲目焦躁。保持清醒的头脑，选择合适的方法，冷静地处理，将会把祸事化于无形之中，就会赢得成功。

第六节 约束：严于律己，宽以待人

真正的君子，时时用绳墨度量自己的行为，对待他人则用舟楫来引导。船夫有时用楫来接引乘客登舟，故荀子借以引申为君子宽宏大量，以促人上进。

对自己多点要求，对他人多点宽容

宽宏大量，有大海一般的胸襟，有高山一般的情怀，是一种高尚的道德修养。自古以来，许多有德行的正人君子皆有此种大度的胸怀。他们对自己要求严格，时时拿道德准则来规范自己的日常行为，对待他人却虚怀若谷，豁达大度，不计前嫌，不计小过。对于君临天下的一国之君来说，具有这种宽广的胸怀尤为重要，这会在无形之中促成其千秋霸业，也会挽救国家于危急之中；对普通的黎民百姓来说，拥有这种宽广的胸怀也不失为一种宝贵的财富。

人非圣贤，孰能无过？几乎所有的人，在人生的特定阶段，都会有意无意地犯一些大大小小的错误。如果在人生的道路上有一颗善解他人的心，有大海一般宽广的胸怀，宽容他人，谅解他人，那么人们将会像百川归海一样聚集到这个人的身边，为之加油，为之喝彩，为其人生之路平添一份惊喜。因此，如果想成就一番事业，如果希望自己一帆风顺，请一定记住：宽以待人，严于律己。

楚庄王熊旅是春秋五霸之一。他雄才大略，足智多谋，不拘小节，对属下宽宏大量，获得了臣民的信赖与尊崇，周围聚集了一大批乐于为他效命疆场的贤才勇士。在这些人的辅佐下，他成就霸业，称雄诸侯。

楚庄王手下有一名悍将，名叫斗越椒。斗越椒勇猛有力，武艺超群，因事对楚庄王不满，便联合一批兵将发动叛乱。叛军所到之处，血流成河，百姓死伤无数，楚国上下一片惶恐。楚庄王性格刚毅，得知消息后火冒三丈，立即派重兵前往镇压，并亲自前去督战。叛军对百姓极尽欺压之能事，百姓早已对他们恨之入骨，见楚王派兵镇压，而且亲自督战，都欢喜异常，纷纷为楚庄王通风报信，告知叛军情况。士兵们见王身先士卒，士气大振，勇猛异常。楚军浩浩荡荡，长驱直入。很快，叛军便被打得落花流水，纷纷投降。叛军将领斗越椒也在战争中被乱军杀死，落得身死家亡、名利皆无的可悲下场。

叛乱被平定之后，楚庄王心情舒畅，设宴宴请群臣。设宴之日，文武百官纷纷前来，祝贺庄王出师得利，平定叛军，使楚国重新恢复了以往的安定局面。楚庄王听到大臣们的恭维之词，更是心花怒放，飘然自得，豪爽地命令大臣们都开怀畅饮，一醉方休。文武百官们见他高兴，也都放开胆子，畅饮起来。大厅里，一个个国色天香的美丽女子翩翩起舞，一曲曲美妙动听的乐曲萦绕耳畔，来来往往的侍从们穿梭其间，为大臣们斟酒倒水。耳听着美妙的音乐，眼瞧着飞舞的美女，品尝着香醇的美酒，真是说不出的惬意、舒服、痛快。就这样，从中午一直喝到晚上，好多人都已经喝得醉眼迷离，昏昏然不知梦境仙境，身居何乡了。

夜幕降临，华灯初上，大厅里更是灯火辉煌，歌声、乐声、鼾声、叫声，声声传入耳，楚庄王只觉步入了仙境，飘飘然起来。就在此时，外面突然狂风大作，飞沙走石，将大厅里的蜡烛也给吹灭了。刹那间，大厅里漆黑一片，伸手不见五指，歌声停止，舞女散去，大家大呼小叫，乱作一团。黑暗之中，有一位大臣竟色胆包天，偷偷地拉了拉王妃的衣袖。王妃大怒，挣开那位无耻小人，顺手扯断那人帽子上的缨带，待重新点烛，气呼呼地跑到楚庄王面前哭诉起来。

楚庄王见了，甚是纳闷，忙问原因。王妃此时已经泣不成声，她一边抽泣，一边对庄王诉说道："臣妾对大王忠心耿耿，每天都尽职尽责地侍奉大王。可如今却有人趁着黑暗侮辱臣妾，求大王一定要为我做主呀。"楚庄王听了，大怒，忙沉声问道："王妃快说，到底怎么回事，是谁这样胆大包天，竟敢欺负我的王妃。哼，难道他不想活了不成？"王妃听楚庄王肯为自己出气，停止了哭泣，悄声对楚王说："刚才烛火熄灭时，有一个无耻之徒趁机扯住了我的衣袖，想对我无礼。幸亏我急中生智，挣开他的纠缠，还将他的帽缨扯了下来。现在大王赶快派人查看，谁的帽缨断了，便知是谁了。"

楚庄王真想立即找到那个无耻小人，将他千刀万剐，以解心头之恨。可转念又一想，今天宴请群臣，就是要大家乘兴而来，尽兴而归。而且，酒后失礼，在所难免，怎能为了显耀妇人的美德而使臣下受辱呢？况且，臣下有罪，也是为君之罪。如若今天不摆宴，哪会有这种事情发生呢？想到此，庄王心情好多了，反而安慰起王妃来："酒后失态，乃人之常情。如果追查处理，反倒会伤了大臣之心，使众人不欢而散，并且他对你并没有不堪之举。如若你要怪罪的话，就怪大王我教导臣下无方吧！"虽然王妃心里仍是愤愤不平，见庄王如此一说，也只得作罢。于是，庄王命令左右说："今天我请大家来喝酒，就是要你们尽兴的。大家谁也不要有所顾忌，今天不醉不归。现在大家都扯断帽缨畅饮吧！凡是不扯断帽缨的，便算不得是尽欢。"群臣见庄王如此体谅臣下，更加兴奋了。他们纷纷扯去帽缨，尽情地吃喝，直到都喝得酩酊大醉，这才散去。

又过了三年，晋国发兵攻打楚国。晋军来势汹汹，对楚国边境诸县一阵狂攻猛打。楚国边境连连告急，楚庄王亲自领兵抗敌。两军交战中，楚庄王发现一名将领作战特别勇猛，不顾生命危险，冲锋陷阵，致使晋军屡战屡败，不能得逞。楚庄王暗自奇怪，特地召见了那个将领，并对他说："寡人德行浅薄，不足以让属下为我卖命疆场。我对你又没有特别好的地方，你为什么要为我出生入死，勇猛杀敌呢？你叫什么名字，我要重重赏你。"那将领很惭愧地说："小人姓唐名姣，是大王您手下一名小将。大王还记得三年前那次宴会吗？那次大王平叛斗越椒之后，群臣庆贺，小人也充数在内。那次小人酒后失礼，罪该万死，可大王您却宽宏大量，不但饶小人不死，而且还使群臣都拽去帽缨，让小人保全了声名。小人对大王的大恩大德一直记挂在心，常常想着要肝胆涂地，为大王战死疆场，可是却苦于没有机会。现在机会终于来了，我一定要与将士们一道齐心协力，奋勇杀敌，打败晋国，保全楚国，以报答大王的恩德。"楚国上下得知楚王如此宽宏大量，体恤下情，都不顾自身安危，争相抗敌，打败了晋国，并最终称霸中原。

楚庄王宽以待人，保全了士节，也保全了楚国，更成就了他的千秋霸业，从而青史留名，为后人所景仰。

三国时代的曹操，在其崛起的初期所表现出的容人之量就非常突出了。在官渡之战击败袁绍之后，他从缴获的袁绍文件堆中，竟然发现许都守城的人和前线军中的人都私下写信给袁绍，向袁绍表示，愿意背弃曹操，投降袁绍。有人主张一一查明惩处这些叛徒，曹操却看也不看就下令把这些信件全部烧掉了。他对大家说："袁绍当初那么强大，连我自己都几乎不能保住，何况大家呢？"这样，原来与袁绍相通的那些人都转而感激曹操，并忠于曹操。从此，部下更加团结一致，曹操终于在群臣的辅佐下削平群雄，统一了北方。

《朝诗外传》曾引用过颜回这样一句话："别人对我好，我也对别人好；别人对我不好，我依旧对人好。"这样，才称得上是气量宽宏、豁达大度，才能像楚庄王与曹操那样得众人之力而成就自己的一世英名。有志成就大业者，一定要牢记古人留下的箴言：严于律己，宽以待人。做人要有容人之量呀！

第七节　观察：善于观察，防微杜渐

荀子曰："以近知远，以一知万，以微知明。"这句话是说：由近才知道远，由一才知道万，由隐微才知道显著。

要学会防微杜渐

世界上任何事物的发展都有一个从无到有、从小到大、从隐微到显著、从弱小到健壮的进程，都是一个持续不断地向前变化的过程，这是普遍存在的历史规律，是不可争议的普遍真理。任何时代的任何事物，不管是壮怀激烈、足以改变人类命运的历史大事，还是小如牛毛、随风而逝的日常小事，都沿着这个不变的历史轨迹向前滑动，或半路夭折，或不断壮大。这个看似简单的真理还从一个侧面让人们认识到观察的重要性。

任何事物的发展都有一定的规律性，在正式登上历史舞台之前，都会出现种种所谓的“征兆”，都会通过一些细枝末节显现出来。因此，学会观察、善于观察显得尤为重要。对于那些阻碍社会发展、对人类有害的事物，要通过观察将其消灭于无形之中；而对那些有助于社会发展、对人类有利的事物，要通过观察因势利导，促进其尽快成长。无数的历史事实早已证实了这一点，明智的古人在几千年前也已不止一次地告诫过人们。要牢记这一规律，时刻记住要善于观察、学会观察，防微杜渐，这样才能梦想成真。

以小见大

春秋时，鲁国有一位大夫，人称郈成子。郈成子足智多谋，聪慧过人，尤其善于观察。有一次，鲁国国君派他出使晋国。卫国位于鲁晋两国之间，要想出使晋国，卫国是必经之地。卫国右宰谷臣听说这件事之后，把郈成子请到家中，并摆设酒席宴请他。宴会上，右宰谷臣命人陈列上了乐器，可演奏的乐曲曲调低沉、忧伤哀怨，一点儿也不欢快。酒喝到一半时，右宰谷臣站起身来，向郈成子揖了揖手，将自己随身所佩的璧玉送给了郈成子。郈成子推辞再三，可右宰谷臣执意要送，无奈，郈成子只得收下。

出使归来，路经卫国，郈成子催促车夫快些赶车，早日归国。车夫很纳闷，便问郈成子，说：“上次我们经过卫国，卫国右宰谷臣热情款待我们，他甚至还将自己随身所佩的璧玉赠送给你。现在我们回国，路经卫国，按理应该回访一下才是，可先生你却让我快些赶车，这是为什么呢？”郈成子哀叹一声说：“唉，你又怎么知道个中道理呢？上次他宴请我，本应高兴才对。可演奏的乐曲非但不悦耳动听，反而凄楚哀凉，这说明他很忧愁，酒喝到一半，他解下随身所佩的璧玉给我，这表明他有求于我。从这两点看，恐怕卫国要出乱子了。所以，我们要赶快离开。”

果然，他们刚刚回国，便听说卫国发生内乱，右宰谷臣为卫君殉难。郈成子不负前情，命人到卫国接来右宰谷臣的妻儿老小，并用自己的俸禄供养他们。十几年后，右宰谷臣的孩子长大成人，郈成子便将那块璧玉还给他们，并将事情的始末由来原原本本地告诉了他们。

郈成子从右宰谷臣的一举一动而想到了卫国的朝政，不但保全了自己的性命，还不负朋友重托，成就美名，可谓真正的智者。

魏国的李克也是通过观察参议朝政而成就美名的。

李克是战国时期魏国第一个国君魏文侯魏斯的谋臣。他精明能干，智谋超群。魏文侯对他尤为信任，凡事都要征求他的意见。有一次，魏文侯想任命一位丞相，但是拿不定主意谁最合适，便将李克召来，征求他的意见。魏文侯对李克说：“我想任命一位宰相，以辅佐我治理国家，谋划大事。但是，我思来想去，众位大臣中只有翟璜与魏成子可以担任，可是不知选谁为好，希望先生帮我拿个主意。”李克一听，心想：这是国家大事，自己不能说三道四。便推辞说：“听说地位低的人不足以参与地位高的人的事情，关系疏远的人不可以介入关系密切的人的事情。我只是个无名小官，不敢随便说什么。”可是，魏文侯再三要求，坚持要听一听李克的意见。李克无法，只得含蓄地说：“那我就向大王讲讲观察人的学问吧！要观察一个人，当他在家之时，要看他亲近哪些人；富裕起来时，要看他同哪些人交朋友；有了一定的权势与地位，要看他推荐什么样的人；失意之时，要看他能否不胡作非为；贫困之时，要看他能否不乱拿乱取。从这五个方面，我看足以观察一个人了。”魏文侯听他说完，心里已明白了一之八九。他哈哈一笑，对李克说：“先生请回吧，我的宰相已经选定了。”

李克出了宫门，迎面正碰上翟璜。翟璜急忙问道："听说国君请先生去商量选择宰相的事，不知结果如何？"李克回答说："魏成子当上了。"翟璜大怒，嚷道："我和先生向来交好，难道先生不在国君面前为我多多美言几句吗？而且，我哪里比不上魏成子呢？西河没人守卫，我推荐吴起；邺地没人治理，我推荐西门豹；国君讨伐中山国，我又推荐乐羊；中山国攻克之后没人防守，我推荐了先生；国君要给太子聘请老师，我推荐赵苍。我推荐的这些人都有真才实学，而且都为魏国立了功。对国君交给的工作，我兢兢业业，尽职尽责，对国君忠心耿耿，我哪里比不上魏成子呢？"李克听后，笑了笑，马上反驳道："先生把我们推荐给国君，难道是为了结党营私谋取高官吗？刚才，国君将我召去，问我你和魏成子谁最适合做宰相。"我对国君说："国君只是没有仔细观察罢了。观察一个人，当他在家时，要看他和哪些人亲近；富裕了，要看他和哪些人交朋友；有了一定的权势和地位，要看他推荐什么样的人才；失意的时候，要看他是否不胡作非为；贫困的时候，要看他是否能不乱拿乱取。从这五个方面，国君自己一定会选定宰相。这难道还用我推荐吗？"说到此，李克顿了顿，接着说："所以我认为魏成子肯定能当宰相。先生你怎么能跟魏成子相提并论呢？魏成子有千钟（一钟合六斛四斗）俸禄，自己只留下十分之一，把其余的全部用来聘请那些有才能的人。他从东方各国聘请到卜子夏、田子方、段干木。这几个人，国君都以老师、朋友的待遇对待他们，对他们推崇备至。而你推荐的吴起等人，只不过是国君的臣属而已。所以，我说你怎能与魏成子相比呢？"翟璜听了，哑口无言，知道自己说错了话，赶忙道歉说："我这个人学识浅薄，在先生面前失言了，请先生不要介意。宰相之职，权高位重，本来就应由德高望重的贤能之人来担任。我看魏成子担任此职是最合适不过了。"从此，翟璜对李克更为敬重，两人到后来成为莫逆之交，美名远扬。李克的择贤五法也受到人们的称道，成为一时美谈。

以小见大，以友观人，看似简单，其实是在不经意间体现了其对事

物发展变化的透彻理解，是在实践中对事物发展规律认识的进一步深化、提升。这也提醒人们平时一定要细心，要学会留意身边的小事。一件看似不起眼的小事，也许会决定一个人的一生，它有时甚至可以成就一个人，也可能败坏一个人。因此，平时一定要严格要求自己，要谨言慎行，更要学会观察、善于观察，不要让外物迷失了自己的双眼，不要让绚烂的外表迷惑了自己的心灵。处处小心，时时注意，久而久之，自己就会事无不成、学无不就了。

第5章

心存本真，爱利世人——墨子论人生

墨子平民出身，但他精通手工技艺，可与当时的巧匠鲁班相比。他自称是“鄙人”，被人称为“布衣之士”。汉朝的王充甚至说，孔子和墨子的祖先都是粗鄙之人。墨子曾做宋国大夫，自诩说“上无君上之事，下无耕农之难”，是一个同情“农与工肆之人”的士人。墨子曾经从师于儒者，学习孔子之术，称道尧舜大禹，学习《诗》《书》《春秋》等儒家典籍。但最终舍掉了儒学，形成了自己的墨家学派。

第一节 兼爱：像爱自己一样爱他人

墨子曰："若使天下兼相爱，爱人若爱其身，犹有不孝者乎？视父兄与君若其身，恶施不孝？犹有不慈者乎？视弟子与臣若其身，恶施不慈？故不孝不慈亡有。"

这句话的意思是：假若天下都能相亲相爱，爱别人就像爱自己，还能有不孝的吗？看待父亲、兄弟和君上像自己一样，怎么会做出不孝的事呢？还会有不慈爱的吗？看待弟弟、儿子与臣下像自己一样，怎么会做出不慈的事呢？所以不孝不慈都没有了。

墨子认为天下的"乱"起于人与人之间的不相爱。如果天下人能够做到"兼相爱"，假如人们都能"爱人若爱其身"，像爱自己一样去爱别人，那天下就太平了。墨家学说认为儒家提倡的"爱有差等"是不对的。"爱有差等"是一种以亲疏关系为依托的"别爱"，即爱本国人胜于爱邻国人，爱家乡人胜于爱外乡人，爱自己人胜于爱其他人。而墨家倡导的是一种博爱主义，主张爱没有等级和差别，要像爱自己一样爱别人，像爱自己的父母一样爱别人的父母，爱自己国家一样爱别国。墨子认为"爱人犹己"的兼爱才是爱的最高境界，才是社会需要建立的一种理想伦理，并以此达到天下大同。

当一个人付出自己的爱心而不求回报时，就做到了真正意义上的"爱人若己"。也许人们会因为守规矩、讲良心、有道德而吃亏，或者会蒙受损失、遭到打击。但要坚信，这不是人的错，而是这个社会出了某种问题，这种问题的解决方法就是人们坚持守规矩、讲良心、有道德并引导更多的人这样做。就像特蕾莎修女一样，当她把播撒爱当作自己神圣的职业时，她得到的不仅仅是诺贝尔和平奖的荣誉，更是人类所赠予她的无上光荣。如果每个人都有这种爱人的情操，那用不了多久，人类所生存的这个世界将不再有残暴和征战，人类将生活在和平友爱的温暖中。

曾有一句名言特别流行，那就是“爱自己的孩子的是人，爱别人的孩子的是神”。这句话发人深省。为什么说“爱自己的孩子的是人，爱别人的孩子的是神”？“人”和“神”的区别就是爱自己和爱别人的不同吗？

从普遍意义上讲，人爱自己总是很容易的，因为在这个世界上，对自己最好的就是自己了，人爱自己是理所当然、天经地义。然而，爱别人就不一样了，爱别人意味着自己会做一些情感上的付出。毕竟，社会充满了竞争，很多人都不愿意主动伸出友爱之手，于是人与人之间竖起了冷漠的高墙。

其实，人人都应该明白，多个朋友，人生就多了一个躲避风雨的港湾，就多了一双身处逆境时与自己共同抗击厄运的手臂。当付出真诚的爱和关怀时，也会有同样的人为其付出关爱和友善，点亮黑暗中的一盏灯，撑起风雨中的一把伞。当孤立别人的时候，其实最终孤立的是自己。当对别人的喜怒哀乐视而不见的时候，自己的处境也就得不到别人的关注。

所以，主动伸出自己的友善之手，主动亮出自己的爱人之心，也许达不到“爱人若己”的境界，但人们可以努力去做，像爱自己一样去爱别人，自己也会得到同样的爱。当每个人都能够爱别人也被别人爱时，这个世界就会充满温情。

为彼犹为己

墨子于《兼爱》中有言：“为人之都，若为其都，夫准独举其都以伐人之都者哉？为彼犹为己也。为人之家，若为其家，夫谁独举其家以乱人之家者哉？为彼犹为己也。然即国都不相攻伐，人家不相乱贼，此天下之害与？天下之利与？即必日天下之利也。”

假如对待别人的国家，像治理自己的国家，谁还会动用本国的力量，用以攻伐别人的国家呢？对待别国如同对待本国一样。对待别人的都城，像治理自己的都城，谁还会动用自己都城的力量，用以攻伐别人的都城呢？对待别人的家族，就像对待自己的家族，谁还会动用自己的家族，用以侵扰别人的家族呢？既然如此，那么国家、都城不相互攻伐，个人、家族不相互侵扰残害，这是天下之害呢？还是天下之利呢？则必然要说是天下之利。

很多人提到“对待别人像对待自己一样”，觉得匪夷所思，认为不可能做到。然而在社会稳定的今天，兼爱思想对于社会伦理道德的建设有着积极的促进作用，而且无数事实也证明了这一点。幸福和荣誉的的确确眷顾了那些为社会创造正面价值并具有双赢思想、合作精神，甚至是有一点儿牺牲勇气的“兼爱”之人。

如果凡事像对待自己一样去对待别人，把朋友当作自己，把敌人当成朋友，那么还有什么事情不可以平心静气地解决呢？以德报德，是为人处世的道德标准；以德报怨，则是兼爱人生的更高境界。

如果对待别人也能像对待自己一样，宽容，谅解，设身处地为对方着想，那么，即使无法实现墨子所构建的理想社会，也会让人们生活的这个社会更加和谐，人与人之间的关系更加紧密。

在一堂应用作文的课上，老师发现一个同学时常低着头画些什么。布置完作业后，他走过去拿起学生的本子，发现画中的人物正是龇牙咧嘴的自己。然而这个老师并没有发火，只是憨憨地笑了笑，要这位同学课后把画加工一下，要画得更形象一些。因为老师想起了当年的自己，也是这样在课堂上把老师丑化得一塌糊涂，他把学生的这种情况视为成长的必经阶段，像当年宽容自己的老师一样，老师没有责骂这个学生。

自此以后，这位同学上课再也没有画过画，而且各门功课都学得不错。后来成为一名漫画家。

是老师的宽容唤起了这位同学求学尊师的意识，并纠正了他的人生之路。在学校，尊重老师、同学，同样也能得到老师和同学的尊重。在日常的生活中，人们付出宽容，得到的将是彼此的理解、友谊，甚至加倍的快乐。

不能宽容别人的人，注定得不到别人的宽容。在这个世界上，恐怕没有人敢说自己一贯正确、不会犯错，也不会有人说自己不需要宽容。然而，人们常常很轻易地就宽容对待自己的过失，即使面对别人一丁点儿的不对，也会吹毛求疵抓住不放。这就是社会需要提倡“兼爱”的原因，对待别人如果能有对待自己的态度，那就不会出现争吵、矛盾、不和谐。人们既需要自己宽容自己，也需要得到别人的宽容；人们希望得到别人的宽容，首先要做到宽容别人。要知道宽容有度、宽容无价、宽容待人才是人生处世的黄金原则。

一个人只有宽容别人，特别是像宽容自己一样去宽容别人，才能真正获得别人的宽容。只有这样，才能拥有一个美好的生活环境。

要像谅解自己一样谅解别人

现实生活中有很多“知易行难”的事情需要人们去面对，谅解别人就是这样一个问题。人人都知道谅解别人在人际交往中起着举足轻重的作用，然而在具体到实际问题上时，却很难做到自己想象中的理智和明智。面对别人的伤害，有的人选择了逃避，有的人选择了怨恨，甚至有的人极端地选择了报复。那么，是什么原因让人们如此难以做到谅解别人呢？

这是因为人们首先认为对方犯的是不可饶恕或是不能原谅的错误。怀着这种想法，就无法原谅父母的过失，不能理解爱人的离开。当这些“错误”在心理上形成阴影后，就会产生积怨甚至报复的想法，而这时，谅解早已被尘封。

另外，喜欢责备别人的心态常常也是不能谅解他人的催化剂。当人们心里产生“我因你们而受辱，我有责备、不原谅你们的理由”的念头时，即使是形影不离的好朋友、山盟海誓的爱人、一同打拼的同事，也会在误会、背叛和利益冲突面前形同陌路。人不是没有能力去谅解，而是苛责别人的惯性使得人不肯去谅解。久而久之，人在形成了思维和行动惯性后，也就不知道如何去谅解别人了。无法谅解别人就成为人与人之间交流的最大障碍。

所以，每个人要让习惯处于中心位置的自己学着把谅解自己的态度用在对待别人的过失上，这样才能够使自己和他人之间建立起一座牢固的人际桥梁，融化僵硬冰冷的人际关系。

谅解是人际关系中的润滑剂，能真诚地原谅他人的过失，不但能够减少人与人之间的摩擦，获得别人的认同和赞扬，同时也会使自己处在幸福和谐的生活环境中。友谊因为朋友之间的相互谅解而更加坚固和亲密，爱情因为夫妻之间的互相谅解而更加和谐幸福。

一生中，每个人都不可避免地遭受别人的误会甚至伤害，如果对此一直耿耿于怀，那么在失去朋友的同时，也会对自己的身心健康造成影响。反之，如果能够忘记并原谅那些对自己造成伤害的人和事，不但会赢得别人的赞扬，更重要的是，自己的心态也会平和而安详。

谅解不但是对犯错误的人的救赎，更是对自己心灵的升华。在谅解别人的过程中，自身的道德修养也得到了完善和升华。对于一些人，原谅远远要比惩罚有效果。别人的过失也许只是一时的失误，也许只是一闪而过的歪念。在这时候，给对方一个机会，就是给自己一个机会。怪罪别人不会得到好的结果，用谅解代替责怪，才是改善的行动。

古书有言：“自胜者强。”原谅别人是一种勇敢的行为，把谅解别人当作谅解自己，就是“兼爱”的境界。

多站在别人的立场考虑问题

在遇到问题时，人们常常从自己的角度出发来寻找解决的方法，于是就出现了种种棘手、无法解决的场面。这就需要站在别人的立场考虑问题，也就是所谓的换位思考。而换位思考的实质，就是设身处地为他人着想，能够想人之所想，做到理解至上。人与人之间需要宽容和谅解。每个人都有被“冒犯”和“误解”的时候，如果对这些伤害耿耿于怀，心中就会结一个“疙瘩”，但如果能理解对方的真实想法，从对方的立场出发，就能达成谅解。

换位思考是人对人的一种心理体验过程，将心比心，设身处地，是达成谅解不可缺少的心理机制。这要求人们将自己的内心世界，如情感体验、思维方式等和对方的境地置换一下，站在对方的立场上体验和思考问题，实现和对方在情感上的沟通，从而解决问题。

换位思考需要人们设身处地地站在对方的角度去考虑问题，而不是虚情假意，或者点到即止，而是要换到位。很多时候，人们以为自己已经站到了别人的位置，其实还没有，在把自己换到别人的立场理解别人时，还要能够回到自己的位置。

换过去是为了了解对方的处境，再换回来才能更全面地看待问题。当能够在自己和他人的处境之间自如地转换时，所有的问题就都不能称之为问题了。

曾经有过这样一个真实的案例：

> 某公司内部员工和经理之间的关系十分对立，这种情绪对公司业绩的影响十分恶劣。某资深管理人针对这种情况采取了如下对策：把经理和员工召集到一起，对他们分别提出了如下问题：
>
> 如果你是店员，你希望你的经理是什么样子的？
>
> 如果你是经理，你希望你的员工是什么样子的？
>
> 然后，让大家把自身的具体情况和自己所设想的理想形象做一个比较，看有什么差距，并引导大家认识自己和对方的困难和处境。
>
> 当双方平心静气地真正理解了对方时，他们都意识到了自己在态度上的偏执。结果当然是两个团体互相理解，通力合作，公司的业务自然是蒸蒸日上。

无论是为人处世，还是工作交际，当人们真正能够做到“为彼犹为己”时，也就得到了别人相同的态度。如果每个人都有这种意识并努力付诸行动时，每个人在整个社会中的生活都将左右逢源。

第二节 非攻：万事莫贵于义

墨子曰："杀一人，谓之不义，必有一死罪矣。若以此说往，杀十人，十重不义，必有十死罪矣；杀百人，百重不义，必有百死罪矣。当此天下之君子皆知而非之，谓之不义。今至大为不义攻国，则弗知非，从而誉之，谓之义。情不知其不义也，故书其言以遗后世；若知其不义也，夫奚说书其不义以遗后世哉？"

杀掉一个人，叫作不义，必定有一项死罪。假如按照这种说法类推，杀掉十个人，有十倍不义，则必然有十重死罪了；杀掉百个人，有百倍不义，则必然有百重死罪了。对这种罪行，天下的君子都知道指责它，称它为不义。现在攻伐别人的国家这种大为不义之事，却不知道指责其错误，反而跟着称赞它为义举。他们确实不懂得那是不义的，所以记载那些称赞攻国的话遗留给后代。倘若他们知道那是不义的，又有什么理由解释记载这些不义之事，用以遗留给后代呢？

非攻并不是逃避

世人提及墨子，首先想到的是他的"兼爱"、"非攻"主张。千百年来，墨子的精神一直为民众们所颂扬，体现着对墨子高尚人格的肯定。墨子站在下层百姓的立场，为普通民众的利益奔走呼告，摩顶放踵也不改变对自己理想的追求，他这种伟大的人道主义情怀一直被后人赞扬。

作为墨子学说重要范畴的"非攻"，正是他这种博爱无私精神的具体体现。

《墨子·公输》中曾记载了这样一个故事：

著名的工匠公输班为楚国制造了一种叫作云梯的新式兵器，用于攻打敌国的墙门。于是楚王决定凭借这种武器去攻打宋国。

墨子听到这个消息后，奔波了十天十夜赶到楚国国都。先见到公输班，对他说："北方有一个人欺侮我，我希望借你的力量杀死他。"公输班听了没有任何表示。墨子接着说："我可以给你很多钱，作为你杀人的报酬。"公输班回答说："我讲道义，不会因为报酬去杀人。"墨子于是说："楚国是大国，人口不多但土地辽阔，可是它却准备攻打弱小的宋国，这是非正义战争。你口头上说不杀人，可是一旦发生战争，有多少无辜的平民会因为你的新式武器而死去，这跟你亲手杀人有什么区别呢？"公输班便推诿说攻打宋国的计划是楚王的决定，于是墨子和公输班去见楚国国王。

见了楚国国王，墨子并没有先说战争。他对国王说："我想请教大王一个问题。"楚王问他是什么问题。墨子说："现在有人放着自己漂亮的车子不要，却想偷邻居的破车；舍弃自己的漂亮华贵衣服不要，却想偷邻居的旧衣服。这是怎样一种人啊？"楚王马上说："这人有偷窃的毛病。"墨子抓住时机，马上说："楚国有广阔的土地，而宋国只是一个小小的国家，这就如同一辆漂亮的车与一辆破车的对比；楚国物产丰富，而宋国物产贫乏，这如同漂亮衣服和旧衣服的对比。所以我认为楚国攻打宋国，跟那个犯了偷窃病的人正是一类人。"楚王蛮横地说："你说得好，但是公输班已经为我造好了云梯，我是一定要攻打宋国的。"墨子不慌不忙地说："云梯并没有想象的那样厉害，不信我可以与公输班模拟作战。"

于是楚王为他们准备了道具，包括城墙、守城的器械、云梯及其他攻城的兵器。公输班模拟攻打宋国的城墙，而墨子进行防守，结果任由他多次改变攻城的战术，都被墨子的防御措施抵挡住了，公输般攻城的器械用完了，而墨子守城的方法还有余。

最后楚王只好放弃了攻打宋国的决定。

从这个小故事不难发现墨子"非攻"思想中蕴含的大智慧，他在说

服公输班和楚王时的机变思维和逻辑推理更是让人钦佩。

墨子倡导“非攻”是主张天下大不欺小、强不压弱、富不傲贫，但并不是主张“不战”，当大国强国发动战争后，小国弱国是忍气吞声甘受凌辱呢？还是应该奋起反抗捍卫尊严呢？答案当然是后者。这就要人们细细品味墨子思想中蕴涵的大哲理。

首先，墨子采取了“先礼”的措施。

墨家针对当时诸侯间的兼并战争提出的反战理论。墨子认为，战争是天下的“巨害”，无论对战胜国还是对战败国，都将造成巨大的损害，因之既不合于“圣王之道”，也不合于“国家百姓之利”。在墨子看来，各种为攻战进行辩护的言论都应予以批驳。他希望通过说服的方法让统治者放弃发动战争的主张，墨子是通过对战争的独特分析来陈述道理，让统治者意识到战争给国家、社会和人民带来的灾难，因而放弃战争。

在“先礼”行不通的时候，墨子又采取了“后兵”的策略。

既然无法说服统治者放弃战争，就只好应对了。那么该怎样对待大国发起的不义战争呢？是消极抵抗，还是积极防御？墨子选择了后者。

墨子的防御理论主要是针对弱者如何防守而建立的。为了抵御非正义的攻击，以墨子为首的墨家子弟发明了很多协助防守的巧妙器具，并且，墨子和他的弟子们还亲自帮人守城，单是这种舍己为人的大无畏精神，就足以让人折服了。

墨子的学说中，军事思想占很大的比重，而守御的理论和技巧又是其军事思想的重要组成部分。据考证，《墨子》全书在没有散佚之前共有71篇，其中城守就占了20篇，集中论述了在“甲兵方起于天下，大攻小、强执弱”的战争形势下，小国进行积极有效守御的战略战术。墨子的军事思想也因此被称为守御思想，和《孙子兵法》所倡导的进攻思想并称我国兵法史上的双壁。

墨子不仅用有效的实战技巧作为自己“后兵”策略的基础，还主动提出支持“诛讨”的正义战争。墨子倡导“非攻”而不是“非战”，他不是不加区分地反对一切战争，而是支持“诛无道、伐暴君”的正义之战。

无论是积极防御不义之战，还是主动发起正义之战，都和墨子的非攻思想没有矛盾，无论是哪种战争，墨子的出发点都是为了最大限度地减少战争带来的危害，都是站在人道主义的立场为民众着想。

墨子就是通过“先礼后兵”的策略来实现他的非攻理想，他拒绝暴力、力主和平的伟大人道主义精神更是非攻思想的升华。今天，人们继承墨子的思想精华，并不是要生搬硬套、照本宣科，而是应该举一反三，善于从朴实的论述中发掘人生的大智慧，从文字背后体会人生的大哲理。

墨子于《非攻》有言：“今逻夫好攻伐之君，又饰其说，以非子墨子曰：‘以攻伐之为不义，非利物与？昔者禹征有苗，汤伐桀，武王伐纣，此皆立为圣王，是何故也？’”子墨子言曰：“子未察吾言之类，未明其故者也。彼非所谓‘攻’，谓‘诛’也。”

这句话的意思是：现在一般喜好攻伐的国君，又辩饰其说，用以非难墨子说：“你认为攻战为不义，难道不是有利的事情吗？从前大禹征讨有苗氏，汤讨伐桀，周武王讨伐纣，这些人都立为圣王，这是什么缘故呢？”墨子说：“您没有搞清我说法的类别，不明白其中的缘故。他们的讨伐不叫作‘攻’，而叫作‘诛’。”

墨子对战争的残酷性和欺骗性做出了深刻的披露，认为战争是“夺民之用，废民之利”，战争在春天进行农民就不能耕种庄稼，在秋天进行农民就不能在田间收获粮食。战争不但害农时，而且费民财，给国家和社会带来了严重的损害。因此墨子反对战争，提出了自己的“非攻”思想。

攻伐要有尺度

墨子并不一味反对所有的战争，他只是反对无故“攻伐无罪之国”的侵略战争。有两种战争，墨子是持支持态度的。

一种是防御性的战争，墨子虽然主张“非攻”，但在外敌入侵，侵城掠地时，他并不主张弱小国家束手待毙，而是支持采取积极有效的防御措施捍卫自己国民的利益。可以说，“非攻”的主张，是墨子站在小生产者立场，从反对破坏生产，保全他们生命财产安全的角度提出的，因为墨子深知，战争的最大受害者是民众。

另一种是讨伐性的战争，墨子把非正义的掠夺战争称为“攻”，他的“非攻”思想主要是针对这种不义战争提出的，墨子反对侵略性质和掠夺性质的战争，反对“大则攻小也，强则侮弱也，众则贼寡也，诈则欺愚也，贵则傲贱也，富则骄贫也”，认为发动掠夺战争是一种极不正义的犯罪行为，会给个体劳动者和整个社会带来巨大的危害。战争是“天下之巨害”，没有什么能比战争带来的危害大，只有制止互相征伐，社会才能得到安宁。

墨子还列举了上古三位圣王的事例来证明他的论点：

三苗大乱时，太阳在晚上出来，血雨下了三天不停，龙在祖庙出现，狗在街上哭叫，夏天水结冰，土地开裂而水沸腾，五谷不能成熟。于是上天下命诛杀，古帝高阳在玄宫向大禹授命，让他去征讨有苗。大禹亲自拿着天赐的玉符去征讨，这时雷电大震，有一位人面鸟身的神恭谨地侍立，用箭射死有苗的将领。苗军大乱，后来就衰微了。大禹在战胜三苗后，划分山川，节制四方，于是神民和顺，天下安定。这就是大禹讨伐有苗。

夏王桀的时候，日月失时，寒暑无节，五谷枯死，国都有鬼叫，鹤鸣十个晚上。于是上天命令汤，让他去接替夏朝的天命，因为夏德已乱，上天已经把夏的命运中断。于是汤奉命率领他的部队向夏边境进军。天帝派神暗中毁掉夏的城池来帮助汤打赢这场战争，而且汤接受夏的民众，最终战胜了夏。战胜后，汤在薄地会合诸侯，表明天命，天下诸侯皆来归附。这就是汤诛灭夏。

纣时商王，祭祀失时，夜中出了10个太阳，薄地下起了泥土雨，九鼎迁移位置，女妖夜晚出现，鬼神在晚上叹喟，有女子变为男人，天上下了一场肉雨，国都大道上生了荆棘.纣王不思悔改，反而变本加厉地放纵自己。于是，上天派赤乌口衔圭，降落在周的岐山社庙上，圭上写着“上天授命周文王，讨伐殷邦”。于是贤臣泰颠来投奔帮助。周武王即位后，梦见三位神人对他说：“我已经使殷纣沉湎在酒乐之中，你去攻打他，我一定使你彻底戡定他。”于是武王去讨伐商纣，灭商兴周。武王战胜殷商后，承受上天的赏赐，命令诸侯分祭诸神，并祭祀纣的祖先，政教通达四方，天下归附，继承了汤的功业。这即是武王诛纣。

墨子通过这三位圣王的功绩来证明这样的事实：讨伐不义的战争不是“攻”而是“伐”，掠夺性的攻击战争是违背上天旨意的，是要受到惩罚的，而对昏君的诛灭也是上天对黎民的拯救，因而是正义的。像大禹讨伐三苗、商汤诛灭夏桀、周朝取代商都是这种正义的讨伐战争，墨子从中找到“天意”这样一个依托来充实自己的观点，使之更加让人信服。

墨子的非攻思想在战争年代，尤其是在春秋战国这样一个必须经过战争来实现和平的特定环境中是无法实现的。当时没有一个君主采用他的这种政治主张，因为在战乱中，如果不用战争来保卫自己，自己就会被战争吃掉，所以墨子的这种美好社会理想最终成为梦想。

然而，墨子的“非攻”思想还是有很多值得今天的人们继承和发扬之处，就像上面所说的，战争有攻和伐的区分，联系到现实生活中，就是要在为人处世中掌握进退的艺术，不应该主动地攻击他人，但在自身利益受到伤害，尤其是面对邪恶的时候，决不能坐视不理，而是“该出手时就出手”，因为在很多时候，“伐”就是保卫自己的利益。

同样是战争，因为对象和动机的不同而有了“攻”和“伐”的分别，在生活中，也是如此，同样一个举动，因为目的和环境的差别而有了“义”和“不义”的不同。比如说对一个人的责骂，如果是无缘无故，那么是个人的品质问题。而如果是针对他的错误品行，那么就只是方法问题了。

可见，任何事物都不是绝对的，战争有攻伐之分，人们在处理自己身边的事务时，也要掌握这种尺度。反对主动的“攻”，但支持正义的“伐”。

第三节　防御：最好的立身之道

墨子在《非攻》中说道：“大国之攻小国也，则同救之，小国城郭之不全也，必使修之，布粟之绝则委之，币帛不足则共之。以此效大国，则小国之君说。人劳我逸，则我甲兵强，宽以惠，缓易急，民必移，易攻伐以治我国，攻必倍。”

意思就是：大国攻打小国，就前去解救，小国的城郭不完整，必定使它修理好，布匹粮食乏绝，就输送给它，货币不足，就供给它。以此与大国较量，小国之君就会高兴。别人劳顿而我安逸，我的兵力就会加强。宽厚而恩惠，以从容取代急迫，民心必定归附。改变攻伐政策来治理我们的国家，功效必定加倍。

小国要积极有效地防御

墨子的非攻思想主要是反对攻伐掠夺的不义之战，反对当时的“大则攻小也，强则侮弱也，众则贼寡也，诈则欺愚也，贵则傲贱也，富则骄贫也”的掠夺性战争。出于对民众的人道主义关怀，墨子反对这些给人民群众带来深重灾难的不义之战。

然而墨子也深知，单纯讲道理，大国君主是不会主动放弃战争的，因而他主张小国“深谋备御”，用积极的防御来制止以大攻小的侵略战争。因为战争一旦开始，无论胜败，都不可避免地要殃及百姓，所以胜利的最高境界是不战而屈人之兵，让侵略者在没有发动战争之前就放弃掠夺的目的。

而让大国主动放弃战争的办法只有一个，那就是让他们明白，即使是大国，也无法取得战争的胜利。如果知道在这场战争中自己注定是失败者，那么他肯定不会选择进攻。小国自保的武器就是积极有效地防御，也就是墨子所说的“惟非攻，是以讲求备御之法”。在这个时候，积极而有效地防御才是小国的立身之道。

在《非攻》一书中，就有墨子所采取的积极有效防御的事例。比如墨子通过应对禽滑厘的询问，对12种攻城方法一一进行了有效防御，让禽滑厘讨不到半点儿便宜，从而知难而退。还有如前述的故事中墨子阻止楚王攻打宋国的游说，之所以取得成功的原因，就是墨子一一破解了公输班的攻城之法。既然己方的策略已经被识破，再去实战已经没有意义，于是楚王放弃了攻打宋国的打算。

防御是最好的立身之道

墨家的非攻思想和防御战术是绝对没有冲突的，墨家甚至相当提倡保护弱者的防守战。为了抵御非正义的攻击，尽可能地减少战争给弱小国家带来的危害，以墨子为首的墨家子弟发明了很多协助防守的巧妙器具，更总结出了很多防守战的经验心得，形成了墨家独特的防守理论。在《墨子》一书中，有相当程度的篇幅是写防守战和防守工具的，如《备城门》等，墨子也因善于守城而被称为“墨守”。

墨子的防御理论在中国兵学史上占有重要的地位，后世的兵法家们常把《孙子兵法》和《墨子》相提并论，二者一擅攻、一擅守，一讲究计谋、一讲究技巧，二者相得益彰，对传统军事学的发展做出了积极的贡献。

墨子的防御理论体系以城池防守为核心，主要包括以下几个方面：

倡导积极准备，力争做到有备无患。墨子认为：“备者，国之重也。食者，国之宝也；兵者，国之爪也；城者，所以自守也。”为了夺取守城作战的胜利，墨家总结出了防守围城的14个必备条件，如“城厚以高，壕池深以广，楼撕修，守备缮利，薪食足以支三月以上，人众以选，吏民和，大臣有功劳于上者多”等。墨子认为，只有这14个条件具备了，城池才能守得住。只有在战前准备好充足的粮食，城池坚固，兵源充足，才能无后顾之忧；在战前需要进行后勤、城防、军备、外交、内政等物质方面的充分准备，才能获得守城防御战斗的有利条件和主动地位，赢得防御作战胜利。

主张“守城者以亟敌为上”的积极防御思想。墨子认为，在守城防御中，应守中有攻，积极歼灭敌人。“延日持久以待救之至”是下策，消极被动地防御，等待邻国的救援都不是可行的办法，应该抓住机会攻击敌人。这样一方面能打击敌人，鼓舞士气，另一方面也有助于扭转战局。而“亟伤敌”的具体措施包括：利用有利地形、依托城池，正确布置兵力；以国都为中心，形成边城、县邑以及国都内部的多层次纵深防御措施，层层阻击，消耗敌人；顽强坚守与适时出击相结合等策略。

另外，在防御作战具体战法方面，墨子还提出了一整套防御作战战术原则。《墨子备城门》共有11篇文章，其中《备城门》《旗帜》《迎敌祠》《号令》《杂守》5篇是总论性文章，综合论述了守城战术战具及军事法律制度、军事指挥信号、军事后勤制度等；其余6篇《备高临》《备梯》《备水》《备突》《备穴》《备蛾傅》是专论守城战术的，针对敌人可能实施的水、梯、穴等各种进攻方式制定了不同的防御措施。

此外，墨子提出了全民皆兵的御敌思想。他主张在进行防守作战时，要发动全城军民一起参战，坚守围城，以夺取防御作战的胜利。墨子还强调政治环境对战争的影响，如果上下一心、将士一心、军民一心、同仇敌忾，又能得到邻国的救助，那么防御战更是有了必胜的把握。《备城门》也这样说："我城池修，守器具，樵、粟足，上下相亲，又得四邻诸侯之救，此所以持也。"

墨子的积极防御理论和具体的守城方法正是为了推行他"兼爱非攻"的政治理想才提出的，积极有效的防守在一定程度上确实遏制了某些不义的讨伐战争，具有一定的实际意义。而且，墨子也构建了一套完整的军事防御体系，丰富了我国的兵法思想，他的积极防守措施作为"兵技巧"被载入史册。从这个意义上说，墨子也可以被称为一个伟大的军事家。

在以和平为主题的当今社会，人们不再需要墨子那些具体的守城技巧，他的这些智慧也只能留存于文献供后人参阅，但墨子所倡导的积极防御的精神却仍然值得中华子孙继承和发扬。虽然社会倡导友爱互助，但总有那么一些不和谐的音符出现，人们在生活和工作中，常常不可避免地要受到来自他人有意无意的攻击，这时候墨子的防御思想和方法就派上了用场。

古语说"人不犯我，我不犯人"，这是明哲保身的处事策略，可要是"人若犯我"呢？应该采取什么样的应对策略？是忍气吞声、逆来顺受，还是勇敢地捍卫自己的权利和尊严？墨子的大智慧告诉人们该这样做—防御是最好的立身之道。

第四节　尚贤：机遇面前唯才是举

墨子可被称为我国历史上的一座思想“富矿”，其中尚贤是墨子的重要思想之一，有着一套完整的理论体系。墨子强调尚贤是为政之本，国家富强，政治合理，其根本在于尚贤。墨子说：“是故国有良贤之士众，则国家之治厚；贤良之士寡，则国家之治薄。故大人之务，将在于众贤而已。”墨子认为贤者至少要达到三个标准：“厚乎德行”、“辩乎言谈”、“博乎道术”，并将品德列为首位。在人才的选拔任用方面，墨子有着“官无常贵，民无终贱”的思想，主张选拔人才应不偏私、不偏袒、不宠爱。

人才是一个国家真正的财富

三国时期的曹操是一个求贤若渴、唯才是举的枭雄。他曾发布“唯才是举令”，招贤纳士。在他的高级谋士戏志才去世后，他对当时任侍中、尚书令的荀彧说：“志才死后，没有可以与我共同商谈国家大事之人。”并要求荀彧为他推荐人才。荀彧就把郭嘉推荐给曹操。郭嘉与曹操两人初次见面，就纵论天下大势，探讨国家兴亡，畅谈治国用兵之道，十分投机。曹操就十分高兴地对众人说：“能使我成就天下大业的，必定是此人！”

曹操曾颁布三道求贤令。这三道求贤令一举颠覆了儒家传统文化思维。曹操不仅郑重推出“唯才是举”的主张，还将这一主张无条件地贯彻到底，使“唯才是举”成为优先于其他所有原则之上的首选原则，成为千古佳话。

曹操非常爱惜人才，为了留住人才，甚至可以受辱。有一次陈琳写文章把曹操给骂了，而且骂得很难听，连祖宗三代都给囊括了。后来曹操抓住了陈琳。审讯时，曹操问道:“你为什么骂我的祖宗？”陈琳嘿嘿地笑道：“我当时写文章，文思泉涌，骂你骂得起兴，就控制不住把你祖宗也给带上了。”曹操素知陈琳是个人才，听罢他的话后哈哈大笑，竟然宽恕了他，并把他留在身边视为好友。

墨子说：“古者圣王甚尊尚贤而任使能，不党父兄、不偏富贵，不嬖颜色。”在人才的任用方面，墨子主张“高与之爵，重与之禄，任与之事，断与之令”；在吸引人才方面，墨子主张“以利引之”，强调义利并重。

在墨子看来，如果想要使一个国家的贤士增多，就必须使他们富裕，使他们显贵，尊敬他们，称誉他们。只有这样，才能吸引众多的人才。因为只有人才才是一个国家真正的财富。所以墨子说：“此固国家之珍而社稷之佐也，亦必且富之贵之敬之誉之，然后国之良士亦将可得而众也。”对于不义不肖之人，则应当“抑而废之，贫而贱之”。墨子主张“不义不富，不义不贵，不义不亲，不义不近”。

在当今社会，墨子的尚贤思想已经演化为“尚贤效应”。“尚贤效应”是指：充分认识人才的重要意义，建立健全选拔人才、使用人才、培养人才、激励人才、监督人才、开发人才的体制机制，从而促进事业健康持续发展。

社会发展需要唯才是举

由墨子尚贤思想演化而来的“尚贤效应”不仅在我国历史上产生过重要的影响，而且对于今天的社会发展具有重要的现实意义。

一是鼓励人人成才。我国古代将有品德、有能力的人称为贤者；现代将德才兼备者称为人才，不同时代给予人才不同的内涵。墨子思想中的贤士能人既可是“厚乎德行，辩乎言谈，博乎道术”的贤士，也可以是善射善驾之能人；既可以存在于国之富贵人之中，亦可以存在于农与工肆人之中。今天的人们应当从墨子的尚贤思想中汲取智慧，树立广义人才观，不仅研究高端科技的少数精英是人才，而且在平凡岗位创造突出业绩的工人也是人才。既要有成千上万的学科带头人，又要有数以万计的工人技师和岗位能手。全社会要营造人人成才的氛围，不断地提高公民素质，提升社会竞争力。

二是注重用好人才。墨子认为，有了人才之后，还要注重用好人才。怎么才能用好人才呢？要“高与之爵，重与之禄，任与之事，断与之令”。其中，“任与之事”就是要根据不同的社会分工授予不同的职事，提供合适的事业平台。在社会快速发展的今天，不仅要调整产业结构，整合资产资源，而且要整合人才资源，要注重将社会资源向优秀人才集中，提高社会效益。

三是要引进英才。经济全球化带来了人才全球化，中国不能成为人才洼地，频频人才流失。

中央审时度势启动了海外高层次人才引进计划，即“千人计划”，助推了天下英才为我所用。中国商飞公司确定了用3年时间引进100名海外航空专业人才的“百人计划”，已引进了130多名海外人才，其中6人入选中央“千人计划”，曾供职于欧洲空中客车公司的世界知名航空专家李东升等高端人才的加盟为加速我国大飞机快速起飞发挥了重要作用。

四是要尊重激励贤才。墨子认为，如果贤才爵位不高，民众就不尊敬；俸禄不厚，民众就不信服，也就难以成就事业。墨子通过对“利”的落实来激发人的动力，实现尚贤主张，这一点与现代人才激励理论是相符的，具有现实意义。

中国商飞公司为了留住海外高层次人才，帮助他们解决住房问题，并在薪水方面打破常规，采用一对一协商谈判机制，并通过多种激励措施激发人才潜能，为企业多做贡献。

综上所述，国家和社会的发展需要的是有真才实学的人。只要有才华，有过硬的本领，就一定会有自己的用武之地，一定会有所成就。年轻人是祖国的未来，一定要相信，命运是掌握在自己的手中，未来如何，靠的是自己如何去发展。因此，每个人都应该努力学习，为未来做好充分的准备。从现在开始就要收集自己的"真才"与"实料"，为未来的道路砌上一块块坚实的"金砖"。

第五节　攻心：非攻不等于不攻

墨子在《非攻》中说："是故，古之知者之为天下度也，必顺虑其意而后为之。行是以动，则不疑速通。"意思是说：所以古时的智者为天下谋划，必先考虑此事是否合乎义，然后去做它。行为依义而动，则号令不疑而速通于天下。

墨子的"兼爱非攻"学说充满了对民众的人道主义关怀，但在那个群雄角逐、兵器决定权力的时代，统治者并不愿意接受"兼爱"、"非攻"的和平思想，而是需要能实现开疆扩土、强兵壮马的实用的扩张学说。而兵家讲究攻城略地，这正好迎合了当时统治者扩张的欲望，于是得到了统治阶级的认同。在这种情况下，墨家要想使自己的学说有立足之地，实现自己济世救民的愿望，就必须让自己的主张在当下的社会中具有可行性。墨子及其学生吸收兵家的"攻心为上"、"以战止战"等思想充实自己的学说，并由此引申出一套完整的军事理论和实战防御思想。墨子主张热爱和平、体恤百姓，统治者不能滥攻，兵不到万不得已的时候不能用。但理想如果不能落实为行动，就只能是空想，最有力的方法就是用实际行动来证明口号。于是墨子采取了"以战止战"的方法，用战争来证明发动战争是不明智的，所谓的"以彼之道，还之彼身"就是这个道理。但这种策略要求自己有很强的实力，否则就会起到相反的结果。墨家就是要用这种方式来告诉战争发动者，战争不是万能的，天下归心是靠实施德治来实现的。

守礼并不等于墨守成规

守礼并不等于墨守成规，墨家讲究的非攻也不是不攻，而是在非攻与守礼之间寻求一个平衡点来实现自己的目的。在古代的战争年代，不攻是仁义，迫不得已的攻是自卫。而在充满了竞争的现代社会，不攻是谦让、是美德，而权益和尊严受到伤害时，攻才是最好的捍卫方法。

当今社会，伦理道德倡导宽厚待人，但为人不可囿于宽厚，拘泥于教条，有时候一味地忍让退缩只会让自己受到加倍的伤害。现实生活中总有一些人，是其他人的宽厚和忍让同化不了的。面对无礼攻击、吹毛求疵、嘲笑挖苦的尖酸刻薄者，一味宽厚就等于助长了他们的嚣张气焰，而自己的宽厚也往往成为他们故意寻衅的理由。应学会正确应对他人的攻击，不能一味忍让，必要时候选择恰当措施解决问题。为人处世应该兼有软硬两手，该宽容时有海纳百川的气度，该自卫时有兵来将挡的智谋，这样才能在现实生活中游刃有余并争取主动。

齐国的相国晏子出使楚国。楚王得知晏子是个擅长言辞的智谋之士，于是想借这个机会来侮辱他。晏子来到了楚国后，楚王举行酒宴招待他。

在大家酒兴正浓的时候，两个差人捆着一个人来到楚王的面前。楚王故意问道："你们捆绑的这人犯了什么罪？"差人回答说："他是齐国人，犯了偷盗罪。"楚王笑嘻嘻地望着晏子，说："齐国人本来就善于偷盗，是吗？"晏子站起来离开席位，郑重其事地回答说："我曾听说过这样一个故事：橘树生长在淮河以南，是橘树；生长在淮河以北，就成了枳树。橘树和枳树虽然长得很像，但它们结出的果实味道却不大相同。一个甜，一个酸，为什么呢？是因为水土不同啊！如今，在齐国土生土长的人，在齐国时不做贼，一到楚国就又偷又盗，莫不是楚国的水土使老百姓惯于做贼吗？”楚王听后，苦笑着说：“德才兼备的圣人，是不会受到侮辱的。我现在真有些自讨没趣了。”

以其人之道还治其人之身，是最高明的反攻。让取笑者自取其辱所达到的效果比一味宽厚忍让要更好。

心态平和，攻守自如

在面对别人的无理取闹时，平和的心境是最好的反击状态。在对方咄咄逼人的攻势下，要保持镇静、控制情绪，而不是自己首先乱了阵脚。如果和对方激烈争吵，反而落入了圈套，就不能进行有效的反击。

心境平和、态度从容可以表现出自己的涵养与气量。首先用“骤然临之而不惊，无故加之而不怒”的大气度在气势上镇住对方。一激就怒并不是理智的作为。而且，考虑应对策略需要大脑保持冷静，只有情绪平和，才能从容选出最佳对策，否则就可能做出莽撞之举。

晋朝刘道真学识甚广，但素来嘴不饶人，喜欢嘲笑别人。有一天，刘道真正在草屋里和别人共用一只盘子吃饭，见到一个年长的妇人领着两个小孩从草屋前走过，三个人都穿着青衣。刘道真就嘲笑他们说：“青羊引双羔。”那妇人望了他一眼，说：“两猪共一槽。”刘道真张口结舌，无言以对，从此收敛了许多。

在回击他人的过程中，抓住要领才能做出最有效的攻击。一个带枪的人并不一定是好的射手，而懂得如何选定目标瞄准、能够掌握最佳时机扣动扳机的人，即使没有枪，也一样能够获取猎物。另外，还要善于从对方的话语中听出他们的目的，是讽刺还是侮辱，然后再采取相应的策略，把对方投过来的石头还回去。所以，在日常生活中，如果要进行反击，一定要先把对方的意图弄明白，瞄准靶子再放箭，既不滥伤无辜，也不放过小人。

多一些谅解和抚慰是减少纷争最有效的润滑剂。在人际交往中，人们会有意无意中刺伤别人，也不可避免地受到刺伤，此时就需要人们能够用体谅的态度来看待那些无意的伤害，用真诚去抚慰那些被自己刺伤的人，而不是将纷争无限地扩大，造成更严重的伤害。

墨子在两千多年前就提出的非攻思想应该成为人类共有的精神。今天的人们不提倡战争，但要捍卫自己的权益。人生活在这个世界上，既然不是孤立的个体，就需要在社会中与他人协作，才能实现自己的人生价值，这样就不可避免地因为某些利益发生冲突和摩擦。现实生活中也确实存在着一些损人利己的人，面对这种现实，一味地忍让宽容并不能改变自己的境遇，当自己的尊严和权益受到侵犯的时候，应该勇敢地站起来捍卫。

蜜蜂的刺在伤害到别人的同时，也会使自己失去生命。但如果自己的生命面临着威胁，不用刺伤害别人也不行了。既然无论哪种选择都难逃一死，倒不如给敌人一些苦头和教训。当某个人也面临类似的处境时，不妨学学蜜蜂的精神。因为非攻不等于不攻，这是墨子非攻思想给人们的启示。

第六节　节俭：浪费是衰亡的隐患

墨子在《节用》里说："圣人为政一国，一国可倍也；大之为政天下，天下可倍也。其倍之，非外取地也，因其国家去其无用之费，足以倍之。"这段话的主要意思是：圣人在一国施政，一国的财利可以加倍增长，大到施政于天下，天下的财利可以加倍增长。这种财利的加倍并不是向外掠夺土地，而是根据国家情况省去无用之费，因而足以加倍。

墨子本人就是小手工业者出身，他所代表的是下层民众的利益。因而"墨家"学说中的很多主张和观点都是站在下层百姓的立场上，为了实现民众的利益而提出的。比如说，他的任人唯贤的平等的人才观就是为了下层有才干的人能得到任用而提出的，他的经济思想也是从民众的角度出发，因而有自己独特的生财观念。

在古代传统的农业社会，自给自足是最主要的生产方式。如果把自然灾害和统治者的剥削掠夺排除在外，农民所获成果的多少和自己所付出劳动的多少是成正比的，是真正的“一分耕耘，一分收获”。财富的多少直接体现在劳动所得的成果中。一个人如果勤劳，那么就能多得；相反，那些懒惰的人则不能获得劳动果实。在这种自然经济条件下，勤劳是致富最为直接和有效的手段。在这种社会环境下，墨子提出了自己的生财之道—勤劳、节俭。

勤劳是创造财富的手段

和儒家“至君尧舜”的选择不同，墨子把大禹作为和自己主张相一致的上古时期的圣人。墨子对于大禹所提倡的节俭的个人生活、勤劳的工作观念十分推崇，即辛勤劳动可以使人丰衣足食，勤劳的人因为经常参加社会劳动而得以长寿，安逸享受的人也因此而短命。勤劳的人学有所成能为社会创造财富，给别人带来好处，因而得到神明的赞同和奖赏，而安逸享受的人因毫无才干对人们和社会没有贡献，会受到鬼神的厌恶和惩罚。

在古代社会，土地和人口是国家能否富强的两个重要因素。然而当时的生产技术十分落后，国家要想实现富裕，所采取的方法只能是通过“强力从事”，即竭力发挥劳动者的积极性，通过延长劳动时间和劳动强度来实现，也就是所说的“勤劳”。在没有先进生产工具的情况下，农民只有加大自己的劳动量，才能获得更多的生产生活资料。而统治阶级要相对稳固自己的统治，也必须有坚实的物质基础。因而，勤劳就成为自然经济条件下创造财富的手段。

墨子就是顺应了这种时代的趋势，提出了自己“赖其力者生”的生财主张。在墨家看来，一个人每一天所耗费的衣食如果能与他白天所付出的劳动相匹配，就会得到他人的认可和鬼神的赞许，这是因为他是在靠自己的本事吃饭。而如果一个人安逸淫乐而不做事，鬼神也会对他进行惩罚。因此不仅劳动者要辛勤劳动获得生存必需品，统治阶级也应该把勤劳工作当作治国施政的方法。

在自给自足的小农经济条件下，财富和个体劳动是紧密相关的。多劳就能多得，“勤劳致富”比较容易实现。而在生产技术高速发展的今天，社会成员有了更多的致富机会和方式，凭借知识致富已经成为最普遍的形式，另外信息、技术等也成为创造财富的重要手段，甚至有一些人投机取巧，利用机会主义致富。在这种情况下，勤劳致富渐渐滑落成为致富手段中最落后、效果最差的一种。

某个地方专门举办了一个面向下岗人员的大型招聘会，邀请很多有意招聘下岗人员的大小企业。然而来应聘的下岗人员寥寥无几。在问及原因时，下岗人员回答说“工作辛苦不说，工资还低，另外受人管没有自由，还不如在家坐着每月领取国家发的最低生活保障金”。

据调查，现在大学生就业困难的很大一个原因，就是毕业生们不愿意在艰苦的地方、效益差的单位工作，不愿意成为一名蓝领阶层到基层岗位上工作，农学专业的毕业生不愿意到农村的田头地头为农民服务。

上述这些情况无不说明，“勤劳致富”这个传承了千年的中华传统美德已经被现代的价值观和社会发展观扭曲了。抛弃“勤劳创造财富”的观点，不应该是人们的价值标准和精神信仰，也不应该是中国经济正确的发展道路。在物质利益的追求逐渐左右人们道德的时候，社会应该树立正确的舆论导向，创造一种劳动光荣、勤劳致富的社会风尚。

墨家在两千年前就十分重视劳动，强调劳动者对社会的重要性。孟子认为人和动物的本质区别在于人有伦理道德而动物没有，荀子认为人和动物的区别在于人能够“群”而动物不能。墨子却认为，人和动物的本质区别在于人能够通过劳动来创造财富，实现自我价值，认为劳动是人的本分。这种观点在现在看来仍然是对劳动的正确评价，“勤劳创造财富”的观点值得人们永远发扬继承。

节俭是积累财富的方式

墨子在谈到节用时，曾说“用不可不节也”，这其中的“用”就是指消费，而“节”则是消费的标准，即适量、适度。“用不可不节也”，就是提倡人们要节俭消费、适度消费，不可无度。

墨家的学说中，“节”是一个普遍存在的哲学原则，认为无论做什么事情都要以适量够用为标准，对此墨子在生活的许多方面都制定了具体的“节俭”的准绳，在衣、食、住、行，甚至小到战袍的制作标准，都十分详尽地提供了节俭的做法。

墨家的经济思想中，除了把勤劳作为创造财富的手段之外，还把节俭看作是积累财富的有效方式。春秋战国时期，当时的社会生产水平还不发达，人民生产的物质资料仅仅能够维持温饱。在这种情况下，如果统治者大肆挥霍，下层民众就会有“饥不得食，寒不得衣，劳不得息”的灾患，而统治者也将面临“乱不得治”的社会动荡局面。因而要提倡节俭的消费观。

墨子还列举了“节俭”的很多益处，认为统治者若是将节俭作为施政纲领，那么“一国可倍也”，而这种“倍”不是靠对外的攻城略地得到的，而是依赖“去国家无用之资”实现的。墨子的这种靠节俭积累财富的手段在封建时代的经济发展中起着积极的推进作用。

我国自古就有“节俭则倡、淫逸则亡”的古训，因为节俭不仅仅是一种美德，更是一种治国方略，是抚慰百姓、安定民生的重要政治措施。

明太祖朱元璋就是一个倡导节俭的君主。朱元璋不爱奢华、讲究实际。他曾下令不要在皇宫内建造楼台亭阁，而是要在墙边种菜。为了让自己的孩子得到锻炼，他命令子女们织造麻鞋以自用，并规定诸王子外出时要骑马十分之七，步行十分之三。正是因为他身正为范的节俭，才会教化民众、上行下效，国家的生产才得以恢复。

节俭对于国家的作用如此，对于家庭、企业的重要性可见一斑，家庭需要节俭才能逐渐积累财富，以备不时之需。企业靠盈利生存，而节约成本则是盈利的大前提，如果不注意日常用度方面的节俭，造成成本的浪费，无疑与公司利益相悖。

勤俭节约是中华民族的传统美德，这种美德是在严酷的自然环境中孕育的。正是凭借着自己的勤劳和节俭，中华先民们才能争得生存和发展的空间。然而随着社会的不断发展，这种美德渐渐被人们忽略，甚至遗忘。

舟车是为了出行的方便而制造的，因此能负重行远就是车的标准，和排场地位没有关系，在古代，即使是尊贵的诸侯三公，也不会对自己的车船大肆装饰。

而现在社会上，豪华汽车竞相攀比，奢华之风盛行，一辆车动辄数百万。消费者们对豪华汽车趋之若鹜时，是否应该先冷静下来理性地看待汽车。车仅仅是代步的工具而已，但人们却认为它是身份、地位的象征，正是因为忽略了汽车的本质属性，才产生了这种不健康的消费观。

也正因为如此，在物质极度发展的今天，人们更应该崇尚勤俭。但勤俭并不等于吝啬，财富的本质就是为人所用，如果只一味地节俭，在当用时不用，人就成为财富的奴隶。这种敛财式的节俭并不值得提倡。

所谓“海纳百川，不捐细流、山高万仞，不辞片土”，勤俭也是如此，要从点点滴滴做起。财富是人人渴望得到的，但人们要牢记古人的话——“君子爱财、取之有道”，这个“道”就是勤俭。

勤俭是穷人的财富，是富人的智慧，是世界上所有财富的真正起始点。

勤俭的小秘诀

1. 每月从薪水中留出部分款项存起来，5%、10%、25%都可以，没有固定数额，但一定要每月都存。

2. 对自己的钱的消费项进行记载，并详细列出预算与支出，作为以后开支的参考。

3. 自带饭菜上班，物美价廉，把节省下来的钱作为退休基金。

4. 乘公共交通工具上下班，节省停车费、汽油费、保险费以及找停车位的时间。

5. 简化生活，到廉价商店、大卖场等处购买生活必需品。

6. 买东西时要先想想“花这钱值不值得”、这些东西是不是自己必需的，可买可不买的东西暂时不买。因为便宜的不一定真实惠，贵的也不一定能保证质量。

7. 学习砍价，不要觉得这样丢面子，自己不提，店家绝不会主动降价。

第七节　实用：用财的标准

《节用》中说道：“圣王为政，其发令、兴事、使民、用财也，无不加用而为者。是故用财不费，民德不劳，其兴利多矣！”这句话的意思是：圣王施政，他发布命令、举办事业、使用民力和财物，没有不是有益于实用才去做的。所以使用财物不浪费，民众能不劳苦，他兴起的利益就多了。

战国时代是社会秩序极度混乱的时代，战乱纷争不断，人心不古，社会政权变易频繁。在这种情况下，人的价值观念、生存取向逐渐向现实利益归依，各种欲望的满足成为人们的需要。整个社会礼乐已经崩坏，而社会混乱的同时，学术的发展却有了宽松的氛围。

春秋战国时期是我国历史上战乱最为频繁的时期，也是我国思想文化发展最为昌盛的时期，在这一期间，诸子并起、百家争鸣，各个流派纷纷提出了自己的救世主张，并游说诸侯，希望自己的主张能够得到统治者的采纳。

儒家主张推行礼仪以教化民众，是从伦理道德角度出发，希望通过对社会和民众道德思想的重建来实现天下大治的愿望。而作为儒家对立面的墨家，则从民众的切身利益出发，主张实行“兼相爱”来实现“交相利”，从而实现国富民强的愿望。相比较而言，墨家的主张更具有实用性。

要理性消费

墨家在自己的经济主张中提出勤俭节约是生财之道，而在用财方面，则提出了以实用为标准的主张。墨子认为，君王在施政的过程中，如果以有益于实用为原则去发布命令，使用民力财物，就会使民众不受劳苦，财物不会被浪费，国家也就会强盛。

为了证明以实用原则用财可以使国家富庶、民众归附，墨子列举了很多例子。

上古的人民不知道建宫室的时候，就居住在山陵洞穴里。圣王看到地下潮湿、伤害人民，所以开始营造宫室。圣王制造宫室的标准是：地基的高度足以避湿润，四边足以御风寒，屋顶足以防霜雪雨露，室内有墙可以使男女分开居住。因而得到了民众的拥护。

而后世的夏桀商纣，大肆修建宫殿、用财无度、极尽奢侈挥霍之能，对百姓盘剥无数，因而导致了民怨四起，最终被汤武取代。他们之所以灭亡的原因，就是不懂得节俭、不讲究实用，财富得不到正确的使用，因而灭国亡身。

墨子认为，作为统治者，凡属劳民伤财而不增加益处的事，都是不应该去做的。统治者应按照法度分派劳役、修治城郭，避免横征暴敛。

圣王建造宫室的最初目的只为方便生活，并不是为了奢华的享受。

创制衣服带履的目的是为了取暖避暑、保护身体，而不是为了外表的华丽。而君主为了修造宫室而向百姓横征暴敛，强夺民众的衣食之资用来营造宫室、做锦绣华丽的衣服，甚至用黄金作衣带钩，拿珠玉作佩饰，这样华而不实的做法非但会导致财富的大量浪费，还会给民众带来各种困苦，影响国家的统治。

墨家的思想重视现世的福祉，带有浓厚的实用主义倾向。在用财观上，以对社会和民众有用与否、有利与否作为唯一标准，反对无用的理想主义治世观。

而墨家正是出于物质利益角度主张用财必须以“有利”为标准，这样才能做到“民费而不伤”，而统治者也“兴利多矣”。“不贵难得之货，不器无用之物”，这就是墨子的实用主义的用财观。在春秋乱世，诸侯们置百姓疾苦于不顾，而去追求所谓的奇珍异宝，这样的用财方式导致的后果就是国家衰亡。

用实用克制自己的欲望

墨家以实用为原则的用财观念，在当今物质极度发达的今天，同样有着积极的现实意义，值得借鉴。

在当今社会的生活中，很多人追求好房名车的排场，追求酒楼宾馆的豪华享受，追求山珍海味的奢华，却忽视了因此带来的攀比心理对自己精神上的误导、高脂肪高胆固醇给自己身体带来的疾病。要知道，奢侈浪费并不是生活中真正的幸福，人们应该拒绝那些浮华和虚荣的诱惑，要知道，务实才是生活和事业的基石。

据统计，人类有70%的烦恼都和金钱有关。人们在处理金钱时，常常有些盲目，很多人不是为自己缺少金钱而烦恼，反而是为了如何使用金钱而困惑。

比如说买手机，5000元手机，功能应有尽有，可以上网、看电视、发邮件，可以录像、录音、拍照，然而人们用得最多的功能还是通话。可是人们在买手机的时候，常常被这些外在的名目繁多的功能诱惑，在虚荣心和攀比心的驱使下消费。然而在使用的过程中，却发现自己很少用到这些功能，5000 元的手机和 1000 元的手机在打电话的主要功能上没有什么区别，甚至 1000 元的手机质量更好。

这就是人们在用财上不懂得实用性所带来的烦恼。人的欲望是永远无法满足的，总是想拥有更好的，而好是没有尽头的，因而人们总是处在无法实现的追求中，被金钱所控制。

一张床的用途就是供人睡觉的，满足舒适的标准就可以了，而很多人却追求华丽的装饰，床垫从棉花换成海绵再换成棕垫，等到出现了更好的还会接着换。食物的用途就是为了解决人的饥饿，只要可以填饱肚子就可以，而很多人却不知满足地追求山珍海味，能吃的几乎都要吃一遍，还要讲究色香味俱全。

良好的睡眠和床的奢华与否无关，有多少人躺在豪华的床上却整夜失眠？胃口的好坏和食物的精美与否也无关，有多少人天天拥有山珍海味却疾病不断？可见，睡得安稳、吃得有味才是人们睡觉和进食的标准。同样，实用主义也是人们用财的标准。

第6章

天人合一，摒除杂念——庄子论人生

庄子对后世的影响，不仅表现在他独特的哲学思想上，而且表现在文学上。他的政治主张、哲学思想不是干巴巴的说教，相反，都是通过一个个生动形象、幽默机智的寓言故事，通过汪洋恣肆、仪态万方的语言文字，巧妙活泼、引人入胜地表达出来。庄子所著的《庄子》仿佛是一部寓言故事集，这些寓言表现出超常的想象力，构建了奇特的形象，具有石破天惊、振聋发聩的艺术感染力。

第一节　逍遥：释放自我，凌驾逍遥

《庄子齐物论》中有言："昔者庄周梦为蝴蝶，栩栩然蝴蝶也，自喻适志欤！不知周也。俄然觉，则蘧蘧然周也。不知周之梦为蝴蝶欤，蝴蝶之梦为周欤？周与蝴蝶，则必有分矣。此之谓物化。"

这段话的意思是：曾经的一天，庄周梦见自己变成了蝴蝶，以至欣然自得飞舞着，他感到多么的愉快和惬意啊！不知道自己原本是庄周。突然间醒过来，惊惶不定之间方知原来我是庄周。不知是庄周梦中变成蝴蝶呢，还是蝴蝶梦中变成庄周呢？庄周与蝴蝶毕竟是有区别的。这就叫作我与物的交合与变化。

这是《庄子》里一个非常出名的故事，一般被称作"庄周梦蝶"。在一般人看来，一个人在醒时的所见所感是真实的，梦境是幻觉，是不真实的。醒是一种境界，梦则是另一种境界，二者是截然不同的。在这里，庄周是庄周，蝴蝶是蝴蝶，二者也是完全不同的。可是庄子却以为不然。

李白在《古风》中说道："庄周梦蝴蝶，蝴蝶为庄周，一体更变易，万事良悠悠。"也就是说，庄周与蝴蝶已经"物化"为一体了。庄子已经看不到自己，而是和自然合而为一了，这种境界其实就是"无我"。

对此可以做出以下推理：倘若"我"一会儿可以是庄周，一会儿又可以是蝴蝶。那么，"我"到底是什么就成了不确定的了。所以说，其实"我"的存在始终是处于变幻不定之中的，这被庄子称为"物化"。

庄子的无我哲学

庄子认为：世上的一切事物，尽管有千变万化，但都只是道的物化而已。庄周也罢，蝴蝶也罢，本质上都只是虚无的道，是没有什么区别的。这其实就叫作“齐物”。

“物化”和“齐物”的本质其实就是“物”“我”两忘，也就是“无我”境界。

庄子的这种“物”“我”两忘其实也就是“无我”的境界，应该是非常难得的。关于“物”“我”两忘，学者王国维作了非常好的阐释。

王国维在《人间词话》中提到：有有我之境，有无我之境。“泪眼问花花不语，乱红飞过秋千去”、“可堪孤馆闭春寒，杜鹃声里斜阳暮”，乃有我之境也。“采菊东篱下，悠然见南山”、“寒波澹澹起，白鸟悠悠下”，乃无我之境也。

“有我之境”，就是以我观物，所以物皆着我之色彩。无我之境，就是以物观物，所以不知何者为物，何者为我。

“无我之境”，其实就是“不知何者为我，何者为物”的物我两忘、物我同一的境界。要达到这一境界，关键在于主体的状态，即完全超脱于生死之欲，取消个体意志。只有当人们排除了个体意志，才能取消这些主客对立，实现“物”、“我”同一，最终才能达到真正的“无我”境界。

按照庄子的“无我”哲学，其实还可以得出这样的结论，那就是梦境与现实的关系。既然庄子搞不清楚自己与蝴蝶的关系，那么他能不能搞清楚现实与梦的关系呢？

按照常识来讲，无论一个人梦见了什么，梦都只是梦，当梦醒来之后就要回到真实的生活中，而这个真实的生活绝不是梦。可是，庄子偏要问：你怎么知道前者是梦，后者不是梦呢？你究竟凭什么来区别梦和真实呢？

事实上，在大多数梦里，人的确并不知道自己是在做梦，要到醒来时才发现原来那是一个梦。那么，之所以不知道自己醒着的时候的生活也是梦境，那么是否仅仅是因为还没有从这个最大的梦境中醒来呢？

由此看来，庄子提出的这个问题貌似荒唐，其实这是一个非常重要而且艰深的哲学问题。在面对这个问题的时候，庄子虽然持疑问态度，可是他的疑问也恰好给了人们肯定的回答。

庄子说道："遽遽然周也，不知周之梦为蝴蝶欤？"显然已经做到了"物""我"两忘，人与蝶，梦与醒，真正做到浑然一体了。蝴蝶本身并不卑贱，人自身也并不高贵。每一个人、每一个物都是平等无二、合二为一的。所以他才有可能达到不知到底是人是物的地步，也就是说，他已经达到了"无我"的人生最高境界。

这种境界也就是后来陶渊明在自己的《饮酒》中提到的"此中有真意，欲辩已忘言"。

在这里，庄子不仅仅认为人与蝶、梦与醒无法分开，浑然一体，他甚至认为人就是蝶，梦就是醒，人与蝶，世界万物及发生的一切都只不过是一场大梦而已。梦是什么？梦是自然，梦是万物的本原。这就是庄子由"无我"引申出的"蝶悟"。

感受"蝶悟"的智慧

在庄子看来，既然人间的生死寿夭、苦乐悲欢、是非荣辱、高低贵贱没有什么区别，人们就应该把它们看淡，来了就让它们自然而然地来好了，去了就让它们自然而然地去好了。但是人们却往往都做不到，结果只能是自寻烦恼，等到事情真正地过去了，才幡然醒悟，才悔不该当初。

庄子的思想中提到，人不过是自然中的一粒微尘，只有无所求，才可以尽获其所有，这样就是"有容乃大，无欲则刚"。庄子是一个看透生命内在之需的人。他知道水中游鱼的快乐，他说快乐的至境就是身无所依，心无所求，但他没有丢掉善。在喧嚣的尘世间，因为无所求，所以无欲无为，一直到了无我的境界，齐物我，齐万物，是至人也。

在中华上下五千年的历史中，过去的人们都在极力探求真正的生活态度，那么现在的人们呢？

工作里的纷争都是为个人利益得失的烦忧所左右，人际的纷繁都是做不到如"庖丁解牛"般游刃有余。

恐怕只有参透"庄周梦蝶"的真正内涵，努力让自己达到"无我"的境界，排除一切外界的干扰，才能看清人世的本来面目，才能洞彻人世的来龙去脉，才能跳出人世的纷扰，才能真正地回归到人的本性，那就好似大梦初醒后才知这是大梦一样。

第二节 价值：看破有用和无用

《庄子·齐物论》中说："庸也者，用也；用也者，通也；通也者，得也。适得而几矣。"

意思就是：所谓平庸的事理，就是无用的东西而有自己的用处，认识到事物的无用就是有用。这就算是通达，通达的人才是真正了解事物常理的人。当人们很恰当地了解事物的常理，那么也就接近于进入了大道。

天与地，是非常广大的，可是每个人要占用的面积其实只不过是立足之地而已。如果因为是这样，人只在自己的一小块地上站好，却把立足之外的广大土地都挖到了黄泉之下，那剩下的地方还能让人站得稳吗？

庄子曾经向惠施提过这个问题。惠施则坦率地说，那让人能够立足的小小地块也不能有用了。

庄子听了就说："那么如此说来，那些看上去似乎没用的东西，实际用处却大得很了！"

在非常高明的画家看来，即使是败草枯木，那也都可以入画。

在非常高明的琴师看来，即使是流水风声，那也都可以谱成曲。

在非常高明的诗人看来，即使是街头争吵，那也都包含着浓浓的诗意，可以入诗。

有用与无用是相对而言的

做人，就应该懂得"无用"的妙用与大用，只有懂得"无用"，才能算是知道什么是有用。

有一次，庄子带着自己的学生去山里。他们看见伐木工人正在砍伐树木，却有一棵枝叶繁茂的大树始终没有受到工人的青睐。庄子奇怪地问他们，为什么没有伐这棵大树？工人们回答道：“这棵树根本就没有用处。”

下山之后，庄子带着学生到一位老朋友家休息。老友一见庄子，分外高兴，急忙让儿子去杀一只鹅款待。儿子疑惑地问道：“一只会叫，一只不会叫，杀哪一只？”父亲说：“当然杀那只不会叫的了。”

第二天，学生们都问庄子：“老师，昨天山中那棵大树因为没有用处，所以没有被砍伐，可是主人家的鹅却又因为没有用，而最后被宰杀。请问老师，您是以一种什么样的态度作为自己的处世之道呢？”

庄子笑着回答说：“其实我是将自己处于有用和无用之间，看似有用，又似无用；看似无用，又似有用。不过，这样做仍然难免有害。如果能真正心怀道德地去待人处世，那么就决计无害了。”

所以，有些看似“有用”的其实又“无用”，有些看似“无用”的其实又“有用”。我们要明白在什么时候应该“有用”，什么时候应该“无用”。什么样的“有用”可以转化为将来的“无用”，什么样的“无用”可以转化为将来的“有用”。

在现实生活中，可以从以下两个方面来认识这个问题。

最受欢迎的人，往往是那些直接“对别人有用”的人。

这个道理就好似庄子故事中的那只鹅，那只不会叫的被杀了，而那个会叫的鹅，因为可以为主人看家，它对主人是有用处的，故而免遭杀害。

李白于诗中说道：“天生我材必有用”，这样的说法非常好！不可否认，不可能人人都属于“社会栋梁”，但每个人在生活中也许都有点儿“对某人有用”的用处。

不过这个“用处”是什么，却是因人和因情况而异的。

有些人认为不足挂齿的小事、小本领，也许对某些人刚好“有用”，这样就使一个人在他人心目中升值。

社会生活中，人际关系大部分建立在“有”之上。只要想深一层，就会发现自己的许多所谓“朋友”，其实都是必要时“对你有用”的人。

但也不可以武断地说，朋友关系纯粹是建立在“用处”之上。友谊并不依赖于利益及所谓的用处。然而，“用处”确实能起到增进朋友关系的作用。

仔细观察就会发现，每个人对“朋友们”都是有不少用处的，包括送礼请客、买票和在国外买便宜的小物件，连“借出耳朵”听人诉苦并予以排解，或者拿朋友间的同好出来切磋研究，都是每个人对朋友的用处。在这样的前提下，这些“用处”肯定都是有助友谊的。

如何把握有用和无用

在朋友当中，有没有怀才不遇的人？

一个人是否能够飞黄腾达，还是要靠机遇的。英雄落难，壮士潦倒，都是常见的事。但是只要一朝交泰，风云际会，那么这些人还是会一飞冲天、一鸣惊人的。

宋孝杰是一个算盘先生。1945年日本投降后，也同时宣告伪满政府的彻底垮台。作为伪满政府财政部一等理财（会计）的宋孝杰的饭碗也被砸烂。

1946年宋孝杰离开了长春，来到五站（四平）自谋生路。就是在四平期间，宋孝杰结识了当地首富赵老汉。

那个时候，赵老汉正在为孔祥熙收购黄豆。因数额巨大，而且账目混乱、零散，其手下的三位算盘先生三天未算清账目。宋孝杰靠一手“袖内吞金”的绝技，在一刻钟之内算清，得到众人的赞赏。为交朋友，宋孝杰将自己的绝技传给赵老汉的女婿陆焕章。不久，陆焕章调到孔祥熙身边供职。由于战局紧张，宋孝杰辗转来到长沙，因车马劳累，一病不起，所有积蓄均已告罄。店老板就把宋孝杰抬到路边，让他在路边等死。

恰巧，赵老汉的侄子由此路过，认出了宋孝杰，便急忙通知陆焕章。陆焕章在南京，亲自派人将宋孝杰接到府上养病。宋孝杰的病情痊愈后，陆焕章便大力举荐他到孔祥熙手下做事。不久之后，宋孝杰又去了美国。陆焕章遭人暗算，只身一人逃到美国，并且求到了宋孝杰门下。宋孝杰毫不犹豫地慷慨解囊，帮助陆焕章建立胶鞋厂。十几年过去后，陆焕章重振昔日雄风，而宋孝杰的华商银行也生意兴隆。两人成为生死之交。

如果认为对方真的是怀才不遇，那么就应该及时地结交，并且要多多交往。或者乘机进以忠告，指出其缺失，勉励其改过向善。如果自己有能力，更应给予适当的协助，甚至施予物质上的救济。而物质上的救济不要等他开口，得随时采取主动。寸金之遇，一饭之恩，可以使人终生铭记。日后如有所需，朋友必奋身图报。即使没有什么需要的，他一朝否极泰来，那也绝对不会忘了知己的。

总而言之，一切的事物都有用处，都可以帮助进行自我修炼。所以，眼睛不只是用来看脚下的路，还要看身边的路。同样，眼睛绝对不能死盯一人的某一处，而是要观察一人的多处，或者是几个人的共同点，这才能称得上是看问题的高手。

第三节　自然：恬淡无为，远离世俗的约束

《庄子·养生主》中说道："为善无近名，为恶无近刑。缘督以为经，可以保身，可以全生，可以养亲，可以尽年。"

意思就是：养生的人不会去做好事以追求名声，也不会去做坏事而

触犯刑律。他们只是顺着自然规律去做，这样就可以保护生命。只有保全了天性，才可以养护精神，享尽天年。

郭沫若先生对这段话的解释为：外象美不要贪名声，外象丑不要拘形迹，守中以为常，那就可以平安长寿了。

其实这很接近人们经常说的中庸之道了。一个人的行为若是很坏，就会受到社会惩罚，显然不是全生的方法。但是一个人的行为若是太好，获得美名，也不是全生的方法。只有做到自然一体，在生活工作中低调做人，人的精神和形体才可以得到最好的养护，这样也就能使人长命百岁。

为善无近名

“为善无近名”，做善事应该做到了没有名气，别人更不知晓在做善事；“为恶无近刑”，每一个人内在的私生活上总有不对的地方，但是做这些不好的事情不会触及犯法的边缘，也就不会受打击痛苦失败到极点。“为善无近名，为恶无近刑”就是说善恶之间要做得恰到好处。这两句话从表面上看起来是这样的。所以有人认为道家追求的就是逃避的、消极的生活态度。

其实不然，只要对这句话进行深入地分析，就会发现，实际上并不是这样的，庄子的本意也并非如此。

“为善无近名”的意思是什么呢？可以理解为“做好事不是去追求名声”，也就是不为名声而故意去做好事，这样才能安心，心平气和。为了做好人而做好事，为了让人家去表扬，为了让人家叫自己好人，那就不算善事了。比如，很多人捐款救助别人的同时并不留下自己的姓名，更不企求得到任何回报，这就是“为善无近名”。

从这里可以清楚地看出，庄子“为善无近名”实际上是说抛开功利心，自然而然地去做善事。只有这样做，心灵才能得到升华，才能达到“养护精神，享尽天年”的效果。

《聊斋志异》第一篇故事叫《考城隍》。有一个名为宋焘的秀才，他在梦中参加冥府的考试，试题为“一人二人，有心无心”。宋焘在应试八股文中提出“有心为善，虽善不赏。无心为恶，虽恶不罚”，就是说一个人有心地去做好事，表现给别人看，或表现给鬼神看，虽然是好事，也没有什么值得奖励的。又如，一个人发现有一把刀不好用了，随手丢掉，而不幸伤了人，实在没有存心要伤害人，那么虽然是一件坏事，也不该处罚。这与现代法律制度中的“过失犯罪”或“正当防卫”有些类似。宋焘的观点备受考官们的称赞，考官们认为他很适合做河南一个地方的城隍，于是当即任命。宋焘称家有老母亲无人照料，赴任有困难，考官们当场从生死簿上查得宋母尚有9年阳寿。主考官说：“考虑到你的一片孝心，那就准你9年假期让你侍奉母亲，9年后你即当赴任。”9年的时间过去了，宋焘的母亲寿终正寝，他在安葬完母亲后马上便履约赴任。

这个故事说明了“为善为恶，顺人性，和天理”的道理。

庄子主张的是“为善无近名，为恶无近刑”，这句话是讲做好事不要奢求马上受到称赞，做坏事也不要触及刑法。可是人们绝对不可以因为做好事没有马上得到称赞而不去做，做一点儿坏事因没有触及刑法就继续做。因为只要是做了好事的人，早晚都会受到别人的称赞，然而做了坏事的人，终究还是要受到惩罚的。所以做人要处处行善，即便是再小的道德伦理，都不可以违反。

安于常态也是一种智慧

不要故意行善，更不要为名利行善。大错一定不能犯，即使是小错误，也要尽量避免，最好别犯。小的迷惑可以使人迷失方向，大的迷惑则会叫人失去天然性情。真正的聪明，不要过度，要安于自然常态，不可以画蛇添足。只要顺着自然规律去做，那么就一定可以养护精神，保护自己不受到伤害。这样善始善终，便可以安享天年。

总而言之一句话，只有顺应自然，才是真正的大道。

这里又发现了一个问题：什么是自然呢？小学有一门自然课。幼时，人们心中的自然是花、草、山……是人们看得见的这个世界。这个世界是很小的，而且在每个人的心中，这个世界又是如此的不同。如果把每个人心中的“自然”都集合起来，就可以这样定义：自，自己也；自己者，我也。我，不仅是某一个人，也是某一物。任何世间的存在都是他（它）自己的“我”，统称“自我”。自我就是原本，所以自然就是一人一物一事本来的样子。一切都是自然的，人也是自然的一分子，人也是自然，不增加什么，也不减少什么，就是自然。

这一切的感受都会在人身上体现出来，是人向来有改变世界的冲动的原因，所以人也就注定要背走苦难才可以去追求幸福。但事实上，人们最本真的样子不是这样的。

在大森林里，两个盗贼把偷到的赃物放下，准备分赃，可是这个时候他们却碰到了老虎。他们都惊恐不已，其中一个拔腿就跑，并爬到树上躲了起来。另一个则是吓软了腿，连跑都跑不动，就被老虎吃了。

一个孩子觉得大森林里一切都新奇、有趣极了，便来到森林。这时老虎来了，老虎望望孩子，以为他会躲开；孩子望望老虎，这是个什么东西呢，皮毛那么好看？老虎打量着孩子，孩子看着老虎；老虎在诧异，孩子向老虎走去；老虎想逃走，孩子想和老虎玩耍。老虎觉得这孩子那么小，便壮着胆子和孩子玩，孩子摸老虎的胡须，扯扯老虎的尾巴。最后老虎终于没有了耐心，在孩子自然镇静的神情中，吓得灰头土脸地跑了。

从这个故事不难看出，在这样自然的状态里，人们自由自在，呈现出天然的本质。物，也就会呈现出天然的本性。人，假如能常守自己的自然本性，便能做到外在态度安详，内在精神平静，展现出这种天性，也就成了生命自然的宠儿。于是乎，人敬人爱，外物对他也就不伤不害。

行事，只能行可行之事；辩理，只能辩可辩之理。智慧，就是在于发现不可勉强进入的地方，在这个地方叫人止步。

这样说的理由是什么呢？因为人从天地而来，人本该秉从天地的禀性，自然而然地来到这个世界，又自然而然地长成，自然而然地求衣食，又自然而然地离开这个世界，回到天地的怀抱。所有的这一切，全都是自然而然的，过犹不及。

和世界上的其他事物一样，人也是自然的一部分，人们从天地而来，又回归天地，但人传达了天地的神奇，宣泄了天地的奥秘。这些才是人的生命，抑或是人的生命的意义。

故而，同为道家学派的老子说："道大，天大，地大，王亦大。域中有四大，而王居其一焉。人法地，地法天，天法道，道法自然。"老子这句话的意思是说，人若保持先天而来的那种同于天地自然的德行，那人就和天地一样泰然自若，又像天地一样宽宏伟大，这样的人就可称"王"了。当然，这个王不是帝王，不是帝王中那种杀伐、霸道、强横的赫赫威势，而是犹如天地的那种自然造化之功，宽宏和顺之德。

有些人在生活和工作中一味地去迎合他人，自己强装笑脸，屈心抑志，这样做不仅使自己沉郁，在一旁观看的人也觉得非常难受。还有一些人故作高傲，做任何事情都完全按自己的主意去做，在与人交往的时候，有一种合则留、不合则去的态度，遇到了比自己强的人不敢去接近，比自己差的人不愿去迁就，这样做使得自己的心灵感到很寂寞，也感到非常压抑。

怎样做才能自然地与人相处呢？对于比自己差的人，也要谦虚地和他相处，把功利放在一边，把评价放在一边。只要自然地与人相处了，不光是别人觉得舒服，自己也会觉得舒服！

谨记庄子的教诲，修身养性，谨守规律。轻举妄动的人，没有不出偏差的。品行善良的人，决不会张扬名声，夸夸其谈。只有行为光明正大，行事无愧于心，才会做到平静安详。

第四节 名利：“无己”“无功”“无名”

《庄子·逍遥游》中说道：“至人无己，神人无功，圣人无名。”

这句话的意思是：至人的道德修养高尚，他们能够达到忘我的境界，神人的精神世界完全超脱物外，他们心目中没有功名和事业，圣人的思想修养臻于完美，他们从不去追求名誉和地位。

“逍遥”也作“消摇”，它的意思是悠然自得的样子，“逍遥游”就是没有任何束缚、自由自在的活动。庄子通过对比许多不能“逍遥”的例子来说明，如果要真正达到自由自在的境界，必须要做到“无己”、“无功”、“无名”。

忘掉外物，摆脱束缚

“无己”即无我，也就是要在忘掉一切外物的同时，必须连自己的形骸也忘干净。庄子认为，能达到这样的境界，才算逍遥游。“无功”，不追求功。“无名”，不追求名。只有“无己”才是摆脱各种束缚和依凭的唯一途径，只要能够真正做到忘掉自己、忘掉一切，那就一定能达到逍遥的境界，也只有“无己”的人，才会是精神境界最高的人。

当一个人把自己作为自然界的一个分子的时候，那么他就达到了“无己”的境界。与整个宇宙比较起来，人是那样的渺小，那样的微不足道。如果能认识到这一点，人世间的一切争吵、贪欲、利欲与色欲，也就不会再有人去斤斤计较了。

在这个世界上，不知道有多少人一直在追求名利和金钱，以至于他们完全忘记了内心的快乐。其实，人是没必要活得这么累的。人生难得的是舒心！什么都想要，最后可能什么也得不到，反而一辈子将自身置于忙忙碌碌、钩心斗角之中。《论语·雍也》里说颜回“一箪食，一瓢饮，在陋巷，人不堪其忧，回也不改其乐”，如果少了一些欲望，痛苦也就少了很多。

其实，在这个世界上，无论是谁，无论是有钱还是没钱，其实都一样可以活得有滋有味，每个人不都是有自己的一套活法儿吗?

但是，人的“追求”永无止境。到头来累得精疲力竭，仔细品味，竟不知道人生是个什么滋味，一辈子不曾享受过真人生，压根儿也不懂得真人生，“活得真累”！

如果一切都顺其自然，认认真真做事，老老实实做人，可以得到便得到，即使不能得到，也不去争辩，应当得到却没有得到，也不急不恼，不该自己得到的自己却得到了，也不要。只有这样才叫聪明人，才能活得轻松，悟得透彻。

不要被名利所左右

庄子的哲学实际上讲的就是一种逍遥的哲学。庄子认为，人应该是自由的，有些人之所以感觉不自由，一方面是由于受到外界物质条件的束缚，另一方面是由于受到自身观念的束缚，也就是“有待”和“有己”造成的。“有待”就是有依赖和依靠，要凭借外力，“有己”就是有私心和看重自己。他所谓的“至人无己，神人无功，圣人无名”，其实就是要让真正的自我从一切功名利禄、是非善恶，乃至是从自己的形骸和观念的限制中解脱出来，从而达到与天地精神独往来的境界，获得精神上的绝对自由。

庄子哲学原本生在中国，可是在西方社会中表现得却最明显。有的人生活上很一般，但内心很快乐。在美国的贫民窟，到处可以看到热情洋溢地跳街舞的男孩。在巴西，尽管很多地方经济条件很落后，但男女

老少都在跳桑巴舞。从另外的方面考虑，他们对功名利禄看得更开一些，所以他们也就更快乐一些。

有这样一个美国商人，他坐在墨西哥海边的一个小渔村的码头上，看着海中的一个墨西哥渔夫划着一艘小船靠岸。小船上有好几条大黄鳍鲔鱼。这个美国商人先是对墨西哥渔夫能捕到这么高档的鱼恭维了一番，然后又问他要抓到这么多鱼需要用多少时间。

墨西哥渔夫对他说，只用了一会儿的工夫就捕到了。这个时候美国人又问："那你为什么不待久一点，这样不就能多捕一些鱼了吗？"

墨西哥的渔夫听了不以为然："其实这些鱼已经足够我一家人生活所需啦！"

这时候，那个美国人又问道："那你一天剩下那么多时间都在干什么？"

墨西哥渔夫对他解释道："我每天睡到自然醒，出海去捕几条鱼，回来后跟孩子们玩一玩，再跟老婆睡个午觉。黄昏的时候到村子里喝点儿小酒，再跟朋友们弹吉他。你看，我的日子那可是过得充实而又忙碌呢！"

这个美国人却不以为然，又帮他出主意："我是美国哈佛大学的企业管理学硕士，我想我可以帮你的忙！你应该每天多花一些时间去抓鱼，到时候你就有钱去买条大一点儿的船。自然你就可以抓更多鱼，再买更多渔船，然后拥有一个渔船队。到时候你就不必把鱼卖给鱼贩子，而是直接卖给加工厂，然后自己再开一家罐头工厂。这样你就可以控制整个生产、加工处理和行销。你就可以离开这个小渔村，搬到墨西哥城，再搬到洛杉矶，最后到纽约。你也就可以在那里经营并且不断扩充你的企业。"

墨西哥渔夫问道："那这要花多少时间呢？"

美国人回答说："大概15到20年左右吧。"

"再然后呢？"

美国人听了大笑着说道："然后你就可以在家当总裁啦！时机一到，你就可以宣布股票上市，把你的公司股份卖给投资大众。到这个时候你可就发啦！你就可以几亿几亿地赚啦！”

“那么，再然后呢？”

美国人回答：“那时你就可以想干什么就干什么啦。”

墨西哥渔夫满脸疑惑地问道：“可是，现在我的生活不就已经是这样了吗？”

其实，生活只不过是一种态度、一种心情、一种选择、一种状态，也是一种人们选择生活的方式。

老子提出：“上德不德，是以有德；下德不失德，是以无德。”这句话的意思是说，如果一个人要求名求利、立功立德，那么他首先必须要从不求名利做起，不能自恃有德。倘若他处处表现出自己有德，唯恐失去自己的“善”名，那么实际上他就已经失去了德和名。

同样的道理，如果一个人要想得到什么，那么他就应该先给予别人，先帮助别人，使“既以为人己愈有，既以与人己愈多”。

面对难填的欲壑，每一个人都应该珍惜自己拥有的。这样生活才会是真实的，富有质感的，一年365日，每天太阳都是常新的。在欲望方面的满足并不是真正的满足，而是一种自我放逐的过程，欲望只会带来更多、更大的欲望。

从生活价值的方面来说，能够品味、体会人生的酸甜苦辣，做自己喜欢的事，没有虐待这百岁年华的生命，心灵从容富足，则无论在富在贫，皆足安心，正所谓“不戚戚于贫贱，不汲汲于富贵”。

其实要做到不戚戚于贫贱、不汲汲于富贵，就必须要有一颗不贫之心。要懂得播种一分、收获一分的道理，不要强求，不要贪图意外的惊喜。

其实，在古人的眼里，“富贵”两字是人人都可以做到的。“不取于人谓之富，不屈于人谓之贵”，白衣草鞋，自然而然就透露着一股飘逸清雅的仙气，粗茶淡饭，自然也就有一份闲适自在的意趣。

倘若人们被名利所左右，为名利的不能满足而受煎熬，那么这样的人生还有什么滋味呢？

如果能看开一切，不去计较名利，那么就会生活得很开心，“得之，我幸；失之，我命”，就能达到庄子心目中的“逍遥”境界；内心没有贵贱尊卑的隔阂，没有仁义礼乐的束缚，没有功名利禄的争逐，自己过上安闲自在、无忧无虑的生活，身心就会得到自由。

第五节　生死：生亦何欢，死亦何惧

《庄子·大宗师》里说："死生，命也，其有夜之常，天也。"意思是：死和生都不是人为之力所能安排的，就好像黑夜和白天交替那样永恒地变化，完全出于自然。

正视生与死

这世上有一件事，是任何人都无法避免的，那就是死亡。有俗语说："生不带来，死不带去。"无论是功名还是财富，都会在死亡面前归于无。那人生最终岂不都是一个悲剧？所以，倘若不能正视生死，那么就永远不知道人生的意义所在。

关于这点，或许庄子的哲学能给人们启示。

《庄子·至乐》中讲到，曾经有一次，庄子到楚国去。在路上他看见一具骷髅，庄子用马鞭敲了敲骷髅，问道："你是因为违背天理而死的吗？还是国破家亡遭到了刀斧之刑呢？是自己做了不善的事，有愧于父母妻子而自尽的吗？还是因为贫穷冻饿而死呢？或是寿终正寝呢？"说完这番话，庄子就枕着骷髅睡着了。

在熟睡的过程之中，庄子做了一个梦。梦中骷髅对庄子说："听你说话，应是位能言善辩的人。不过，你说的都是活着的人的负担，一旦死了之后便不存在那些问题了，那么你想听听死人是怎么说的吗？"

庄子回答："我当然愿意洗耳恭听。"

骷髅说："人死后，上无君，下无臣，也无须为生活而奔忙，每天只要轻轻松松地以天地为春秋，快乐无比，即使是南面称王的乐趣，也比不上这些！"

庄子半信半疑，问道："我让掌管生死的鬼神恢复你原来的形貌，归还你的骨肉肌肤，并且还送还你的父母、妻子、朋友、乡亲。你觉得怎么样啊？"

骷髅听了之后感觉很不快，说："谁会放弃比南面称王还快乐的事，而再次回到人间去受罪呢？"

在这个故事里，庄子是把死亡描绘成了一种非常快乐的事。如果死比生还逍遥的话，那么人们还有什么理由恐惧死亡呢？

无论是哪个民族的传统，人的出生和死亡都是生命中非常重要的事件，因此人们在生活中有一系列的仪式迎接生命的到来、礼送生命的结束。即使在21世纪的今天也是如此。可是庄子不同，基于自己对于生死的理解，他对于这些仪式给予了足够的蔑视。庄子在对待死和生方面，是一种"齐生死"的思想，就是说生和死是一样，因而死并不值得害怕。

庄子的妻子离开人世的时候，惠子前去吊唁。他见庄子叉腿坐在地上，一边敲打着瓦盆，一边唱歌。惠子十分气愤，就说："你妻子和你生活了一辈子，为你生儿育女。孩子大了，她也老迈了。可是现在她死了，你不哭丧也就罢了，可是居然还要敲着盆唱歌，这样做也太过分了吧！"

庄子见惠子来了，毕竟是一番好意的前来吊唁，就委婉地讲道理："不对。她刚死的时候，我怎能不伤感呢？但想了想，原来人间并没有她这个生命存在呀！不仅没有生命，而且也没有形体，不但没有形体，而且也看不到形体的物质元素'气'。气原来是混杂在冥冥之中的，变化而成气，气又变化而成形，形又转化为生命。现在她又由生转化到死，这不是和春夏秋冬的四季交替一样吗？她的尸体现在还躺在天地之间，而我却呜呜地围着她啼哭，自以为这是没有真正理解生命现象，所以也就停止了哭泣。"

从这个“鼓盆而歌”的故事可以看出，庄子对于生和死是看得非常透彻的。其实，能真正地做到精神生命的逍遥，其中一个重要的条件就是消解对死亡的焦虑。打消死亡焦虑的一种特效良方，就是建立一种像庄子那样随缘乘化的循环的生命观，万物和生死就如同春夏秋冬四季交替一样，那是一个人面临死亡时的超然的态度。

要达观地看待生死

《庄子·列御寇》中记载着：庄子快要死去的时候，他的弟子们做好准备要厚葬老师。庄子用幽默的口气说：“我死了以后，天地就是我的棺椁，日月就是我的连璧，星辰就是我的珠宝玉器，世间的万物都是我的陪葬品。我的葬具还不丰厚吗？”

听到庄子这么说，学生们哭笑不得，只好说：“老师啊！如果真的是那样的话，我们还不是怕乌鸦、老鹰什么的把老师给吃了吗？”庄子回答说：“如果埋在野地里，你们是害怕乌鸦、老鹰吃了我。那把我埋在地下，你们就不怕蚂蚁吃了我吗？你们把我从乌鸦、老鹰嘴里抢走送给蚂蚁，这不是给蚂蚁送吃的吗？那你们对蚂蚁可真太好了啊。”

在庄子眼里，死亡并不是一件非常可怕的事情，而是向天地的回归，与日月、星辰、万物等合为一体的必经过程。在这样的理解之下，人间的所谓陪葬的厚薄又算得了什么呢？而既然是一体，当然也就没有乌鸦、老鹰或者蝼蚁的区别。这就是真正的达观，在这里，“达”代表着通，是说自己和天地万物通为一体。

庄子是中国历史上非常著名的哲学家，他对生与死的解读十分透彻。人一旦看透生死，那就没有什么不安心的，齐生死，宽心胸，心宽意大，那么人生活得就更加自如，这才是庄子真正的绝顶智慧之处啊！

其实关于庄子的生死论，西方的一些哲学家也发出了几乎相同的声音。德国的布洛赫在《死亡研究之旅》中说：“人们会避开最后的恐惧吗？其实这根本谈不上恐惧。如果一个健全的人临终绝望，有时竟会产生完全不同的感觉。恐惧可以改变为罕见的好奇，换句话说，以知道死亡对自身作用视为乐事。因为死亡本身是一场固有的巨大变革，它会令人产生激情。这种好奇之心把生命徐徐落下的一幕立刻转变为慢慢开启的幕布。”

玛丽是一名公务员，她被医生诊断出患上了恶性肿瘤，只能活三个月了，于是她就开始准备自己的后事。她请来了牧师，告诉牧师自己希望葬礼上所吟咏的韵文、愿意穿什么衣服下葬。她还要求把自己特别喜爱的那本《圣经》也葬在身边。一切安排妥当后牧师便准备离开。

“还有一件事，”玛丽好像突然想起了什么非常重要的事一样，极其兴奋地说，“这很重要，我真诚地希望我被埋葬的时候，右手拿着一支餐叉。”

牧师盯着玛丽，一直站着，一动也不动地在那儿盯着玛丽，有点儿懵了。

“你感觉很奇怪，是吧？”玛丽问道。

“是的，夫人。说句实话，你的要求真的把我弄糊涂了！”牧师回答。

玛丽解释说：“在每次去餐厅吃饭的时候，我总记得每当菜盘被收走时，服务员必然会俯过身说，‘请把餐叉留着’。我非常喜欢这一时刻，因为我知道将要吃到更好的东西了，比如巧克力蛋糕或苹果馅饼。”

说完，牧师和玛丽的眼里都涌出了欢乐的泪水。牧师知道这是玛丽临终前他们之间的最后一面，不过他也知道玛丽比他更能理解天堂的含义，玛丽明白更加美好的东西即将来临。

这就是一个女人面临死亡的态度，玛丽把死亡看作是一件等待她的“一件更好的事”。于是，玛丽欣然地接受了死亡。

在这个世界上，世上万事万物都有始有终，生就是开始，死就是结束。不过，死亡是生命的最后一个过程，只有它存在，生命才得以完整。

而且，生老病死是所有人生命进程中的必然规律。既然死亡无法避免，那么就把死亡当作伴侣吧，永远不要害怕面对它。很多人惧怕死亡，因为他们从来没有真正痛快地生活过。只能对这样的人表示同情，因为这些人无法真正了解死亡的存在。

看透生与死，笑对人生世相，人们才能更好地享受人生。

第六节　有无：把握当下，珍惜已有

《庄子·齐物论》中说道："有始也者，有未始有始也者，有未始有夫未始有始也者；有有也者，有无者也，有未始有无也者，有未始有夫未始有无也者。"

这句话的意思是：宇宙之初有过这样或者那样的"有"，但在这之中也有个"无"，还有一个从未曾有过的"有"，同样也有个从未曾有过的"无"。突然间生出了"有"和"无"，却不知道"有"与"无"谁才是真正的"有"谁才是真正的"无"。

把握现在才能成就未来

这段有关"有"与"无"的论述似乎十分晦涩，但其实庄子主要想告诉世人，世事难以预料。今天感觉有的，明天或许就没有感觉了。今天是这样的感觉，明天或许是另外的感觉。所以，在"有"和"无"之间，最重要的是要把握好现在。

有这样一位教授，中年的时候妻子去世了。面对这突如其来的变故，实在叫人难以接受，可是死亡的到来不总是如此吗？

教授说他妻子最希望的是他能送鲜花给她。可是他工作很忙，而且又成天泡在实验室里，他又觉得花那么多钱买花实在是浪费，总推说等到下次再买。但是结果却是在她死后，他只能用鲜花布置她的灵堂。

也许，有人会这样说：“这不是太愚蠢了吗？”但这就是事实，而且是在人们的生活中广泛存在的事实。

如果有人问：“如果人的时间无限，能够长生不老，那么最想做的事，就应该无限延期？”

回答一定是：“不，只有傻瓜才会这样认为。”

可是人们却常说：

“等到我大学毕业以后，我就会……”

“等到我买房子以后，我就可以……”

“等到我最小的孩子结婚之后，我就可以……”

“等我把这笔生意谈成之后，我就可以……”

“等到我退休之后，我就可以……”

“等到我老了以后，我就可以……”

等到……似乎人们所有的生命都用来等待。

人人都以为自己有无穷无尽的时间与精力，但事实并非如此。其实人可以一步一步地实现理想，不必在等待中徒耗生命。如果现在就能一步一步地努力地接近目标，就不会活了半生却出现自己最不想看到的结局。

所以，既然要做，就要把握现在，珍惜现在所拥有的。

可是，还是有太多的人不明白这个道理。人人都很愿意牺牲当下，去换取未知的等待。许多人都认为必须等到把某些重要的事情完成之后才可以采取行动。

但是，天不会遂人愿，谁又知道哪片云彩会下雨呢？生活总是一直在变动，环境也总是在变化。在现实生活中，各种各样的突发状况总是层出不穷。

比如说，有人早上醒来时，原本预期过的又是一个平凡无奇的日子，没想到一件意料之外的事发生了。刹那间，生命的巨轮离轨倾覆，突然闯进一片黑暗之中。

所以，人们完全不用等到生活完美无瑕，也不用等到一切都平稳了，再想做什么。从现在就可以开始，把握住现在，才能成就未来。

从现在就要开始行动

如果想外出旅游，那么从现在就开始拟定线路，不必等到自己已经很富足，或者退休，或者没有工作压力的时候。只管背上自己的行囊，享受大自然赐予自己的美妙感受。

如果打算孝敬父母，那么从现在就要开始行动。常听人说，等有了钱要给父母买这个买那个，言辞恳切，十分动人。可古语说“子欲养而亲不在”，等有了钱的时候，父母也许来不及享用。古人讲及时行乐，唐代诗人李白有诗云：“人生得意须尽欢。”其实孝敬老人也需要及时而行，不要等，不可等。倘若孝敬父母只知道一味地等以后，那么这一切也就晚了。

谁都不能避免生老病死，许多人经常在生命即将结束时才发现自己还有很多事没有做，有许多话来不及说，这实在是人生最大的遗憾。“逝者不可追，来者犹可卜”，最珍贵、最需要的是适时掌握当下，可人们往往就在蹉跎间错失机会。

有很多事，还不懂得珍惜之前已成为旧事。

有很多人，还来不及用心之前已成为旧人。

不要错过美丽的风景，要学会把握现在，珍惜眼前的拥有。

一再错过美丽的风景，但过后再追悔“早知……”是没有用的，那一刻已经过去，人或事也已成了身后的风景。不管是否察觉，生命都一直在前进。人生是不会出售返程票的，失去了，便永远不再有。

事情的结果固然十分重要，但是做事的过程其实更加重要。因为只有结果好，人们才会更加快乐，但是过程能使生命显得更为充实。生命最后的结果一定是死亡，但不能因此说人的生命没有意义。

千万不要再等待下去。生命中大部分的美好事物都是短暂易逝的，享受它们，品尝它们，善待周围的每一个人，不要把时间全都浪费在等待解决所有难题，或者是所有难题的“完满结局”上。

要珍惜已经拥有的一切，要珍惜现在的自己，要珍惜现在自己爱的人。如果想要建立珍惜的心态，就要学会热爱生命，做到心胸坦诚，重视信誉，理解包容。

其实美好的事物是无时无刻不在人们身边的，只要细心地去感受，敏锐地去观察，就会发现，原来美好的事物与自己是如此接近！一个不小心，也许它们就从人们身边偷偷地溜走了。所以，在这些美好的事物还没有溜走之前，好好地把握，好好地珍惜！

第七节　豁达：简单就是最大的幸福

《庄子·齐物论》中说道：“大知闲闲，小知间间。大言炎炎，小言詹詹。”

意思是：那些才智超群的人都是广博豁达的，而只有小聪明的人乐于细察、斤斤计较；合于大道的言论就像猛火烈焰一样，气焰凌人，而拘于智巧的言论则显得琐细无方、没完没了。

在庄子看来，要小聪明的人总是把自己弄得很复杂，让别人认为他高深莫测，而智慧的人却很简单，一是一，二是二，说话也不是啰里啰唆、没完没了，而应该是字字千斤，每句话都非常有说服力。

发现简单的幸福

生活其实也是这样的，如果搞得太复杂了，不光是别人看着累，自己活得也累。有位哲人说过，简单就是幸福，只要欲望少一些，那么自由就会多一些，就可以过自己的生活。

就在那暖洋洋的中午的阳光下，有这样一群民工，他们穿着破破烂烂的衣服，就是那么随随便便，躺在沙堆上面对着蓝天，睡着的和没有睡着的，从他们身上看到的全部都是发自心灵深处的明亮而璀璨。他们活着，因为他们没有时间去多愁善感。他们爱着，可是他们却不懂怎么诠释爱情。他们满足着，因为他们没有奢望生活过多的给予。他们简单着，因为他们不用在人前掩饰什么。

也许他们连幸福是什么都不知道，但是真正快乐的却就是这么一群简单的人。

生活中简单的幸福无处不在，没乐学会找乐，没事偷着乐。其实不是幸福太少，而是缺乏了一颗感知幸福的心灵。

可是那些所谓"精明"的、想得太复杂的人却都没有这么好的命运。

有这样一位知名的哲学家，他气质高雅，因此成为很多女性的偶像。某天，一个女子来拜访他，在表达了爱慕之情后说："如果你错过我，你将再也找不到比我更爱你的女人了！"

哲学家虽然对她也很中意，但仍然习惯性地回答说："让我再考虑考虑！"

事后，哲学家用他那一贯研究学问的精神，居然将结婚和不结婚的好处与坏处逐项罗列下来，然后他发现好坏均等。那他究竟应该如何抉择？他因此陷入了长期的苦恼之中。最后，他终于得出一个结论：一个人若面临抉择无法取舍，应该选择自己尚未经历过的那一个。既然不结婚的状况他是清楚的，那结婚后会是怎样的情况，他一点儿都不知道。对！那就应该答应那个女人的请求。

于是，哲学家来到这个女人的家中，问她的父亲：“你的女儿呢？请你告诉她，我考虑清楚了，我决定娶她为妻！”没想到，这个女人的父亲冷冷地回答：“对不起，你来晚了10年，现在我的女儿已经是3个孩子的妈妈了！”

为什么会出现这样的结局呢？哲学家想得太多了。人生的很多事情可以不必去听所谓的经验，也不必去套用什么严密的公式。横下心做事，事业就兴旺起来了。其实事情就这么简单。

在生活中，其实有很多所谓的“智慧的人”，活着的时候，他们每天都对着镜子，把自己整理得一尘不染，然后就以一副微笑的面容从容地去面对形形色色的人，不敢有丝毫的懈怠；他们追求着，向着那遥不可及的目标，每天跋涉奋进，都是为了给自己一个生存的理由；他们爱和被爱着，在不经意间，他们伤害了别人的感情，同时也被别人的感情伤害，便不敢再轻言爱情，就这样活着。自己也不能懂自己，自己也不能明白自己。有的时候，他们会觉得自己很难理解，于是就会有一种厌倦的、茫然的感觉。

其实这类人自己也不知道为什么会这样，外人也无法理解，只有庄子知道。庄子说：“才智超群的人广博豁达，只有点小聪明的人则乐于细察、斤斤计较。”这类人之所以活得不快乐，是因为他们活得过于复杂，对人生太过斤斤计较了。

简单是一种生活智慧

在街头，当看到一对乞丐兄妹互相推让，分享一只梨的时候，就会立刻感到只属于他们的幸福。因为那份幸福感是用爱用心灵体会出来的。

其实无论在什么样的环境里，只要人们拥有一双能够时刻发觉幸福的眼睛，那么幸福就会无所不在。

早餐时的一碗清粥、一份清淡的小菜，与父母一起吃饭，也是一种幸福。能与家人一起过粗茶淡饭的生活，就是一种简单的幸福。

有一个小孩对母亲说："妈妈，你今天好漂亮。"母亲问："为什么？"小孩说："因为妈妈今天一天都没有生气。"

原来拥有漂亮也很简单，只要不生气就可以了。

有一个农场主人，让他的孩子每天在农场上辛勤地工作。朋友对他说："其实你不需要让孩子这么辛苦啊，农作物一样会长得很好的。"农场主人回答说："我不是在培养农作物，我是在培养我的孩子。"

原来培养孩子也很简单，只要让他吃点儿苦头就可以了。

有这样一只小鸡，它破壳而出的时候，恰好有只乌龟经过，从此以后，小鸡就背着蛋壳生活。它受了很多苦，直到有一天，它遇到了一只大公鸡。小鸡丢掉了壳，发现自己原来可以这样轻松。

原来想要摆脱沉重的负荷也很简单，只要寻求名师指点就可以了。

有一支淘金队伍，他们在沙漠中行走，大家都痛苦不堪，步伐沉重，只有一个人快乐地走着，别人问："你为何如此惬意？"他笑着说："因为我带的东西最少。"

原来快乐也很简单，只要学会放弃多余的包袱就可以了。

生活其实真的很简单。在很多时候，是因为人们的思想偏颇或不对头，才会把自己搞得头昏脑涨，手忙脚乱。

简简单单地生活，就会发现点滴之间存在的小小幸福。无碍则无欲，无欲则无求，无怒而无敌，无怨才是“道”，所有烦恼，都是太过斤斤计较的执着。

学会简单的生活，认真过好自己的每一天，才是幸福。

简单，其实就是最大的幸福！

第7章

打破秩序，智者善谋——孙子论人生

孙子是春秋时期齐国乐安人，吴国将领，著名军事家、政治家。他曾率领吴国军队大破楚国军队，占领了楚的国都郢城，使楚国几乎灭亡。其著有巨作《孙子兵法》十三篇，为后世兵法家所推崇，被誉为“兵学圣典”，置于《武经七书》之首，被译为英文、法文、德文、日文等，成为国际最著名的兵学典范之书。

第一节 慎战：不因一时的喜怒而争强好胜

孙子在《火攻篇》中说道：“主不可以怒而兴师，将不可以愠而致战；合于利而动，不合于利而止。怒可以复喜，愠可以复悦；亡国不可以复存，死者不可以复生。故明君慎之，良将警之，此安国全军之道也。”

这句话的意思是说：国君不可因一时的愤怒而发动战争，将帅不可因一时的气愤而贸然出战。符合国家利益才用兵，不符合国家利益就停止。愤怒还可以重新变为喜悦，气愤还可以重新变为高兴；国亡了就不能复存，人死了就不能再生。所以，对于战争问题，明智的国君要慎重，贤良的将帅要警惕，这是安定国家和保全军队的重要原则。孙子在这里指出了将帅因性情急躁易怒而容易中敌人轻侮奸计的后果，再次给将者敲响了警钟。孙子对君主将帅的告诫，对于人生也不无启迪作用。一个人如果在情绪冲动时贸然做出决定，很可能在冷静之后悔之不及。所以，人不能受情绪支配而丧失理智。

情绪冲动容易使人丧失理智

人都有七情六欲，因此生活中总免不了会有喜怒哀乐。同时，人在生活中，对人、对事并非冷漠无情、无动于衷，而是有一定态度的。或感到满意，或感到不满意，或感到高兴，或感到失望，或感到兴奋，或感到愤怒。像愤怒、恐惧、狂喜、悲哀等这类突然发生的、短暂而强烈的情感，我们称之为情绪。在人的情绪中，愤怒是一种最强烈的情绪。

缺乏修养的人在愤怒的时候常常失去理智，以致做出一些傻事来。因为人在气头上往往对事物缺乏冷静的分析和判断，对事物的反应也比较迟钝，因此只凭一时冲动就作决定，很容易导致失败。

奥赛罗是莎士比亚笔下的一个悲剧人物，他的人生悲剧就在于他在情绪冲动时做出了错误的决定，行为莽撞，中了小人的奸计。

威尼斯贵族的女儿苔丝德梦娜与威尼斯大将奥赛罗的婚事未获得嘉许，两人私下成婚。此时正值土耳其军队入侵，奥赛罗率兵御敌。奥赛罗提升凯西奥为副将，遭到手下旗官伊阿古的嫉恨。伊阿古设下圈套，诬称凯西奥与苔丝德梦娜有私情。奥赛罗知道这件事后非常气愤，丝毫不容妻子解释就活活扼死了她。伊阿古的妻子哀莱利霞得知惨剧，愤然揭发了伊阿古的诬陷罪行，于是真相大白。奥赛罗万分悔恨，可妻子不能复活，他无法原谅自己，在极度悲哀的情绪中结束了自己的生命。

这个故事说明，人在情绪激动时最容易做出极端的决定。奥赛罗杀妻和自杀都是情绪冲动所为。如果他稍微冷静一些，容许妻子解释，再做一些必要的调查研究，就不会造成如此悲惨的结局。

不要受情绪的牵制

无论在战场上还是在日常生活中，每个人都应该随时保持冷静的头脑，遇到意外变故时学会冷静自救。如果一个人在荒山里迷了路，四下又无人烟，这时候就应该停下来冷静地辨别方向，思考一下该怎么办，然后再继续赶路。否则，不仅会白白地消耗体力，而且有可能背道而驰。当然，要做到处变不惊、冷静从容并不容易。当一个人受到意外伤害或被别人误解、侮辱，严重地伤害了自尊心的时候，很容易失去理智，并在一瞬间做出失常的举动，导致可怕的后果。等到头脑冷静之后，才发觉原来的决定是多么的荒唐，行为是多么的愚蠢。这种情绪冲动时所作出的失常决定常常来自一个人头脑发热时的绝望心理、痛苦心理和复仇心理。这种情况下人很容易犯错误。

所以，每个人要学会控制自己的情绪，尤其是要确保自己在激动的时候什么决定都不要做，迫使自己冷静下来，然后再去采取相应的对策。这样才可以避免在做决定的时候受情绪牵制，感情用事，才能做到孙子所说的“合于利而动，不合于利而止”，在权衡利害得失之后再行动，这也是对一个人性格修养的考验。

生活需要一定的冷处理，无论是学习、工作和事业，还是家庭和社交，令人不愉快的事情总是难免的。每当这个时候，人们应当采取冷处理的办法，让被情绪掩盖的真相显露出来，让自己的心平静下来，经过深思熟虑之后再做决定。这样做能够转祸为福，转忧为喜，使人生受益。否则，像奥赛罗那样莽撞行事，害人又害己，实为下策。

俗话说：“风平而后浪静，浪静而后水清，水清而后游鱼可数。”待“怒发冲冠”之后，平心静气地处理问题，往往会收获理想的效果，展现在面前的是一番“柳暗花明又一村”的美好景色。将帅不可“怒而兴师”，素民不可怒而行事，是生活中化险为夷的高招。

第二节　完胜：不战而屈人之兵

《孙子兵法·谋攻篇》记载：“是故百战百胜，非善之善者也；不战而屈人之兵，善之善者也。故上兵伐谋，其次伐交，其下攻城。”

多数人知道“不战而屈人之兵”是因为《三国演义》。诸葛亮对孟获的七擒七纵，即是遵从着孙子的全胜思想，欲不战而屈人之兵，尽量少战，多用智谋，让孟获降得心悦诚服，从而使得蜀国南方的和平稳定。

不失一兵一卒的才是完胜

“不战而屈人之兵”，也是历来兵家追求的最高境界。在战争中，通过非暴力的政治战、经济战、外交战、心理战等而威加于敌，使对方屈从于己。为了达到自己的某种目的，在外交中采取种种手法，或施以小恩小惠，或以甜言相诱，或以卑辞相接，使对方放松警惕，麻痹大意，当对方毫无警惕的时候，突施攻击，一举成功。或用得民心的战术来迫使敌方主动投降。

在军事上，“不战而屈人之兵”有一套完整的系统的战略理论。从实行的手段而言，一是伐谋，一是伐交。从实行的范围而言，既适用于孙子当时的春秋末年的诸侯国与城池，也适用于当今世界。从实行的目的而言，孙子强调的是“全胜”，即“必以全策争于天下”。“安国全军之道”是孙子认为的至高无上的战略原则。

“不战而屈人之兵”是以心理学上的威慑使敌人在心理上产生畏惧为基础的，以非军事手段的“伐谋”、“伐交”作为达到全胜的有效手段。“不战而屈人之兵”的“不战”，指的是军事斗争的不战，而在军事以外的领域里则可达到激战的程度。其中最为激烈的当属外交了，外交为军政之眼目，军政为外交之后盾，“外交详审，军政修明”则可全胜。这里的“谋”、“交”即为达成全胜目标的各种手段，也是“知彼”的各种方法，是综合敌我双方进行全面比较的手段。

完胜需要方法

“不战而屈人之兵”的方法很多，最常见的就是分化对手。此种方法包括：激化对方内部矛盾制造内乱，扶植其中一股势力，通过种种手段引诱对方做出错误的决定。简单来说，就是通过谋攻抵消对方的优势。其他方法也是多种多样的，如可以通过暗杀、谗言等手段保证对方的优秀人才被排挤打压，或者是彻底从肉体上消灭，保证对方的主事者不能太聪明；可以通过示弱、夸大第三方势力的威胁等手段来达到保证自己置身事外、坐收渔利的效果。

简单来说就是，要想达到某一目的，可以有很多种方法。最聪明的就是不费一兵一卒，从而取得胜利。

美国对敌人或潜在敌人进行的心理战开始于第一次世界大战，第二次世界大战以后有了更深入的研究和更多的实践。在美国当代的军事行动中，从1991年的海湾战争到2003年的伊拉克战争，美国都出动了心理战部队，并且公开声称心理战在这些军事行动中起了非常重要的作用。但是，美国对心理战的运用并不限于战争或者军事行动。

拿破仑说："世界上只有两大力量，剑和心。从长远来看，剑总是被心所击败。"

克劳施维茨说过："心理的力量对卷入战争的各种因素有决定性的影响。"、"消灭敌人的勇气和消灭他的军队同样重要。"

不仅仅在军事上，不战而屈人之兵在生活中的各个方面乃至国际事务中均可以发挥出它的魅力。

在学校里，通过观察发现，授课效果最好、学生成绩最优异的老师往往不是那些强调课堂纪律、严明课堂秩序的老师，而是那些亲近学生、靠个人魅力吸引学生的老师。一般来讲，学生多少都会有逆反心理。越严厉的老师，学生一般越不喜欢，因而上课时也就无心听课，甚至讨厌这门课，自然对这门课程的知识掌握不了。而那种亲近学生、能和学生打成一片的老师通常深受学生喜欢，学生上课的积极性也非常高，因而也非常喜欢这门课。正所谓"兴趣是最好的老师"，自然而然成绩也就更好。可见，老师应该了解学生，能让学生对其心悦诚服，这也是一种达到不战而屈人之兵的方法。如果老师只会严厉地教导学生，既让自己受累，也让学生受累，最后却落得个不好的结果。

在人际交往中，要是以武力使别人屈服，强迫别人为自己做事，别人往往顶多暂时做出一些牺牲，而且办事效果也不会很好，等时机成熟，就会离去，最后仍是费力不讨好。因此在人际交往中应以德服人，别人才会心甘情愿地与之交友，相互交好。

在国际事务中，国与国之间常常依靠其经济和军事实力，通过政治施压来威慑对手，强迫对手同意符合本国利益的某些政策。

依靠军事实力最典型的就是核威慑。要是某国拥有核武器，那是一种强大的威慑力量，因惧怕核武器那超乎寻常的破坏力量，没有核武器的国家往往只能屈服于具备核打击能力的国家。

苏联在二战结束后的一段时间，军事实力空前强大，之所以没有横扫欧洲，就是因为美国已经研制出核武器。苏联忌惮其核武器力量，隐忍不发，直至自己也研制出核武器。

不战而屈人之兵，不论在古代，还是在现代，都具有不可估量的意义。对个人，应懂得以德服人，在人际交往中，要以真心待人，才能获得真正的友谊。对国家，应懂得不要轻易动武，学会应用不战而屈人之兵，依靠经济实力和军事威慑战胜对手，实现本国利益。

第三节 诡道：攻其不备，出其不意

孙子在《势篇》中说：“凡战者，以正合，以奇胜。故出奇者，无穷如天地，不竭如江河。”意思是说：一般作战都是用“正”兵当敌，用“奇”兵取胜。所以，善于出奇制胜的将帅，其战法变化就像天地那样不可穷尽，像江河那样不会枯竭。

可见，“以正合，以奇胜”，是兵家取胜的要诀。打仗没有奇兵便不可能取胜，人们在人生岁月中又何尝不是如此呢？

打破常规才能出奇制胜

善出奇者，为什么能为众人之所不能，这与他具有独到的见解分不开，这种人不仅具有独立意识、独立人格，而且善于打破常规，充分展示个性魅力。人们往往把这种人称为与众不同的人或者有个性的人。他们的“以奇制胜”主要表现在对事物的看法和认识具有独到之处。

独立意识是善出奇的思想基础，是人们在现实的基础上对事物进行独立思考的结果。一般来说，一种新的思想、新的理论、新的观念的产生，首先都不是以群体的形式出现的，不可能在短时间内使所有的人都发现事物的某种本质特征，也不可能让所有人在同一时间里对一件事物提出新的看法，总要有人通过独立的观察和思考先提出自己的见解。这种见解如果是人们已经提出过的，或者是已经认识到了的，就没有多少价值了。相反，这种见解如果还没有人提出过，或者许多人虽已意识到了但却没有说出来，这种见解便是有价值的，因为这是一种独到的见解，而不是来自模仿。

有一则寓言：一只九官鸟学人说话，不久能讲二三句了。九官鸟踌躇满志，从早到晚喋喋不休地念叨。这天，有只蝉在树枝上快乐地唱着歌。九官鸟听了便嘲笑起来：“喂，你的歌声太刺耳了，与其你唱，倒不如听我说人话，不好听吗？”蝉全神贯注地听完后，对九官鸟说：“我的歌声虽然不好听，但这是我们自己的歌。你说的固然悦耳，但不是你自己的，是别人的语言，对吗？”

一个人如果不能拥有独立的思想和独立的见解，那么他的主张再好，也是人云亦云的产物，因为模仿是不会成功的。“东施效颦”和“邯郸学步”的典故也证明模仿的结果只能是丧失“自我”。

要有独立的人格

有独立意识的人，同样也具有独立人格。这种人并不把目光仅仅局限于个人和与其有直接关系的事物上，他不仅对自己的事情有自己的看法，而且对社会的事情、国家的事情乃至世界的事情也都有自己的看法；他绝不人云亦云，也不会去随波逐流，他不要求所有人都必须与自己的看法一致，也不去随声附和别人的意见；他不会因为别人的地位高而盲目服从，也不会因为别人的地位低而加以轻视；他对自己的未来、社会的未来总是充满信心；对周围的事物有广泛的兴趣，敢于和善于针对公共事务进行独立的思考并提出自己的主张。这些都从各个方面体现了一种独立人格。

虽然人类的人格是平等的，但每个人的个性不同，这样就产生了独立意识。世界上有几十亿人口，每一个人都有其无可取代的天赋特质，都有各自不同凡响的地方，都有自己的独到之处。不必羡慕他人的荣耀，不必悲叹自己的平庸，自己也有别人所没有的、独到的见解和可贵之处。

塑造壮丽的人生，就要有突破常规的气魄和创新的意识。不论开创命运、拓展生活，还是张扬新思想，都必须勇于打破常规、标新立异，说人所不能说、不敢说和没有说过的话，做人所不能做、不敢做和没有做过的事。要善于从常规中解脱出来，学会从不同角度看问题，分析和解决问题。这样，一个人的见解就会“无穷如天地，不竭如江河”，智慧就将“不可胜穷也”。

第四节　主动：反客为主，抢占先机

孙子在《虚实篇》中写道：“凡先处战地而待敌者佚，后处战地而趋战者劳。故善战者，致人而不致于人。”

意思是说，在战争中凡是先占据战场等待敌人来犯的就安逸主动，而后到达战场仓促应战的就疲惫被动。所以，善于指挥作战的人，总是能够调动敌人而不被敌人所调动。孙子这种把握战争主动权的思想也是指导人们行动的重要思想。

学会争取主动权

世界上任何事物都存在着互相排斥、互相斗争、互相对立的两个方面，有矛盾就有对立，有对立就有竞争。在竞争的过程中谁掌握了主动权，谁就会发展、前进，谁就能取得胜利。否则，就会被动，面临失败，就会被淘汰。这就是说，无论是军事斗争、政治角逐、经济活动、体育竞赛，还是人类自身的生存和发展，都有一个争取主动权的问题。

要争取主动权，就不能趋从于环境。马克思主义在充分肯定人生对社会的依赖性的同时，深刻地阐述了人生对社会环境的能动性。恩格斯曾经指出：“在社会历史领域内进行活动的，全是具有意义的，经过思虑或凭激情行动的、追求某种目的的人，任何事情的发生都不是没有自觉的意图，没有预期的目的。”

依据马克思主义，历史是不以人的意志为转移的过程，但它是能动的和创造的人的实践和发展的过程。历史“并不拥有任何无穷无尽的丰富性”，它“并没有在任何战斗中作战”。创造这一切、拥有这一切并为这一切而斗争的，不是“历史”，而正是人，现实的、活生生的人。历史是由人创造的，尽管人不能随心所欲地创造历史。社会的必然性和社会制度对人来说并非是彼岸的东西，而是一种特殊的现实，这种现实本身是人所创造的。在社会发展的每个具体阶段上，都存在着各种不同的客观趋向和可能性，人需要确定自己对待它们的态度，做出选择。人生的具体历史制约性并不排除它自由和有目的的创造，人生就意味着在各种不同的可能性之间进行选择，意味着创造。

怎样把握人生的主动权

其实，命里注定的事是不存在的，人类社会是不断向前发展的，一切都在变化之中。只要人们能够把握人生的主动权，哪怕是环境，也是可以选择的，都有改变的余地。

世界著名火车发明家斯蒂芬逊出生在英国诺森伯兰域华姆村一个八口之家的煤矿工人家里。贫困的生活使他失去了求学的机会。为了生存，他不得不去煤矿为资本家擦洗机器，直到17岁，他还是一字不识的文盲。他的工作就是天天守着蒸汽机擦洗不停，生活单调，环境恶劣，地位卑下。但他没有怨天尤人，也不胡思乱想，更不悲观。年轻的斯蒂芬逊不屈服于命运和环境的摆布，不向困难低头，毅然到夜校学习文化，每天晚上拖着劳累了一天的身子同那些七八岁的孩子们坐在一起读书。他不畏人言，不畏艰苦，只顾拼命学习。后来，他凭着自己的才干当上了机械师。面对一次又一次的失败和各种各样的非议，他终于试制出世界上第一台蒸汽机车，开创了人类运输史上的新纪元。

斯蒂芬逊在恶劣的环境下，靠自强不息掌握了人生的主动权。要争取主动权，就不能被他人所左右，就不要过分在乎别人。

想要把握人生的主动权，就要做到以下三点。
首先，别太在乎别人对自己的议论，那会使人觉得无所适从。

伊索寓言中有一则流传了2500多年的故事：爷孙二人赶驴到集市上去，途中听人说："看看那两个傻瓜，他们本可以舒舒服服地骑驴，却自己走路。"老人觉得这主意不错，便和孙子骑驴而行。不久，又遇见一些人，其中一个人说："看看那两个懒骨头，把可怜的驴背都快要压坏了，没有人会买它。"老人和孙子商量了一下，便由孙子骑驴，老人在下面走。可又有人说，孩子在上面坐着，让老人在下面走不合适。于是他们交换了位置。这时又有人指责那老人，让可怜的孩子在下面走。于是，他们只好绑起驴的四足，倒挂在扁担上抬着走。过桥时，愤怒的驴子挣脱束缚，坠落河中淹死了。

生活中，被人议论是常有的事，正像人们所说：哪个人前不说人，哪个人后无人说？请记住诗人但丁的名言："走你的路，让人们去说吧！"

其次，听取别人的意见，更要让自己满意。

从前，有一位画家，他想画成一幅人人见了都喜欢的画。画毕，他便拿到市场上展出，旁边放了一支笔，并附上了说明：请每一位观赏者对画中欠佳之笔标上记号。晚上，画家取回了画，发现整个画面都涂满了记号，没有一笔不被指责的。画家十分不快，决定换一种方式。他又临摹了一张同样的画，拿到市场上展出。这一次，他要求每位观赏者将其最为欣赏的妙笔同样标上记号。当画家再取回画时，他发现画面又被涂遍了记号—那些曾被指责的线条，都换上了赞美的标记。画家终于明白，在一些人看来是丑恶的东西，在另一些人眼里则恰恰是美好的。

别人的评价往往是众说纷纭的，最好的方式就是自己满意。如果连自己都不满意，就是被别人捧上了天又能怎样呢？所以，每个人不能委屈自己去迎合他人，否则将走不出生活的无奈。人们常常做一些自己不喜欢又不得不做的事，原因是别人喜欢。一个人应当自己决定自己的命运，不要把这个权利轻易地交给他人，哪怕是真心爱你、衷心祝你幸福的人。

最后，要争取主动权还要抢先一步。特别是在科学技术飞速发展的今天，抢先一步的精神尤其重要。抢先一步的决策、抢先一步的设计、抢先一步的产品和抢先一步的销售，都可能使人在彼此激烈的竞争中取胜，这便是时代的触觉。人们都喜欢追随积极进取的人，只要人们牢牢地把握人生主动权，就会"致人而不致于人"，立于不败之地。

第五节　明了：知己知彼，动而不迷

孙子在《地形篇》中阐述道：“知彼知己，胜乃不殆；知天知地，胜乃可全”、“故知兵者，动而不迷，举而不穷”。

这两句的意思是说：了解对方，了解自己，争取胜利就不会有危险。懂得天时，懂得地利，胜利就可保万全。所以懂得用兵的人，他行动起来决不会迷惑，他的战术变化不至困窘。

孙子在讨论“知胜之道”时，认为贤能的将帅必须做到“知彼知己”和“知天知地”，不仅要了解敌人，还要了解自己；不仅要懂得天时，还要懂得地利。也就是说，必须把敌我双方的情况搞得非常清楚，才能下定战役决心，选择好战役的突击方向。这样的“知兵者”才能“动而不迷，举而不穷”，打起仗来绝不会感到迷惑，他所采取的作战措施一定会变化无穷而不困窘。

不要迷失人生的方向

借鉴孙子这一用兵思想，可以说，真正懂得人生的人，也决不会在人生道路上迷失方向。在人生的旅途中，人们的各种实践活动总是有一定的目的性。而人生的目的是人生的根本问题，它决定着一个人的归宿和生命的价值，对人生的根本方向、根本态度起着决定的作用。人生目的是人类在实践过程中以认识为基础形成的一种行为指向和结果。在纷纭的大千世界里，如果丧失人生目的，就会迷失方向，就会徘徊彷徨，随波逐流，浑浑噩噩地虚度年华。

人们对每一个目标的追求都是人生目的中的一个阶段，这种追求既是崇高的，也是没有止境的。所以，应当把某种追求的实现看作是向更高一级追求或者另一种追求的开端。

有一位年逾花甲的科学家，他掌握了六种外语，然而依然锲而不舍地学习第七种外语。有人问他究竟为什么，他笑笑回答：“为了不懈地追求，为了不断扩大生存空间，为了不断地开拓有助于发现新的追求目标的窗口。”

这种人在人生的旅途中会始终不渝地沿着既定的方向前进，永远不会迷失目标，永远对自己的人生有新的安排。这种人实际上就是孙子所说的那种“动而不迷，举而不穷”，能打善战的“知兵者”。

柳青说：“人生的道路虽然漫长，但紧要处常常只有几步，特别是当人年轻的时候。”没有一个人的生活道路是笔直的，没有岔道的。有些岔道口，比如求学上的岔道口、事业上的岔道口、个人生活上的岔道口，若是走错一步，就可能影响人生的一个时期，甚至影响一生。人生的紧要处便是人生的岔道口，走错一步影响日后达到既定目标，方向错了，就永远达不到所追求的目标，如同作战中选错了攻击目标一样。所以说，一个人最悲惨的莫过于在人生的道路上迷失了方向。因为迷失了方向而同时又不能迷途知返的人，一生的努力会付之东流。即便能够迷途知返，也往往是浪费了宝贵的时光，再怎样拼命挽回，也是一段令人遗憾的损失。

战国时代，有一名叫季梁的人，对魏国的国王说：“我刚才在路上看见一个人坐着车子向北走，他对我说：‘我是到楚国去的。’我问他：‘楚国在南方，你要到楚国去，为什么向北方走呢？这不是越走越远了吗？’他说：‘不要紧，我的马很能跑路。’我说：‘你的马虽然很能跑路，但这不是到楚国去的路呀！’他说：‘不要紧，我的旅费很多。’我说：‘你的旅费很多，但这不是去楚国的路呀！’他又说：‘这不要紧，我的车夫驾车的本领很高。’大王，您看！这个要到楚国去的人，尽管他有能跑的马、充足的旅费、本领高强的车夫，可是他把方向搞错了，永远也不能到达楚国。而

且，在这种情况下，他的马越好、旅费越多、车夫驾车的本领越高，只能使他离开楚国越远。'

这个故事说明了一个简单的道理：走路必须识别方向。世界上的许多事情都和走路一样，需要不断地识别方向。打仗需要“知己知彼”，才能“料敌制胜”，在人生的旅途中，一个人如果迷失了方向，就会迷失自己，就会犯错误，甚至会使自己成为一个碌碌无为的人。所以，培根说：“跛足而不迷路者能赶过虽健步如飞但误入歧途的人。”

不要在荣誉面前迷失自我

荣誉面前最容易迷失自我。法国作家巴尔扎克说：“自满、自高自大和轻信是人生的三大暗礁。”英国戏剧家莎士比亚也说：“一个骄傲的人，结果总是在骄傲里毁灭了自己。”

在《孙子兵法》中，孙子归纳了用兵制胜的十二种方法，即“诡道十二法”，其中一条就是“卑而骄之”，对那些卑怯谨慎的敌人，设法使之骄傲而轻率赴战。

事实也是如此，古今中外因骄傲而打败仗的人不计其数。

号称常胜将军的蜀汉名将关羽，“恃恃英雄，自料无敌”，看不起老将黄忠，无视东吴大将陆逊，结果败走麦城，人头落地。熟读兵书的蜀将马谡，也因骄傲轻敌，固执己见，以致丢失街亭要地，落得身败名裂。还有李自成的教训和楚霸王别姬的悲剧。

正如格言所说：“流星一旦在灿烂的星空开始炫耀自己光亮的时候，也就结束了自己的一切。”所以，一个人在荣誉面前要谦虚谨慎，切勿忘乎所以而飘飘然。

要做到“动而不迷，举而不穷”，还需要一种“自省精神”，不断地反思，即不断地内省，不断地完善自己。真正做到了“动而不迷，举而不穷”的人，不但拥有了充实的人生，也拥有了独立的人格。有位作家说过：“当人们欢呼晚霞的时候，你不妨去拥抱黑夜；当人们在黑夜中做着香甜的梦时，你不妨睁大着黑亮的眼睛；当人们从惺忪中醒来时，你却采撷了一大束思想的朝霞；当人们匆匆涌上坦途追名逐利时，你却折向另一条科学小道，消失在无人知晓的那一片密密树林里。我不敢保证你能得到比他们更多更好的东西，但可以肯定，你得到的一定与众不同。”

第六节　无恃：修炼使对手无法进攻的力量

孙子在《九变篇》和《形篇》中分别说道：“故用兵之法，无恃其不来，恃吾有以待也；无恃其不攻，恃吾有所不可攻也”、“故善战者，立于不败之地，而不失敌之败也。是故胜兵先胜而后求战，败兵先战而后求胜”。

这两句话的意思是说：用兵的法则是，不要寄希望于敌人不会来，而要依靠自己做好充分准备；不要寄希望于敌人不进攻，而要依靠自己拥有使敌人无法进攻的力量。善于作战的人，总是使自己处于不失败的地位，同时又不放过能够战胜敌人的机会。所以，打胜仗的军队，总是有了胜利的把握，才寻求同敌人交战。打败仗的军队，总是先冒险同敌人勉强作战，而后期望求得侥幸的胜利。

孙子的这个用兵法则不仅是军事斗争的要诀，也是人生的常理。

要做一个人生的拓步者

人生是美好的，但人生的道路却是坎坷不平的。没有矛盾就没有世界，没有波折就没有生活。所以，人们不能把人生理想化，而缺乏走崎岖之路的思想准备，要接受前进道路上的各种考验，开拓进取，与时俱进，百折不挠，做一个勇敢的跋涉者。只要能坦然地面对生活、面对困难、面对挫折，那么坎坷就会化为坦途，眼泪就会化为歌声，陷阱也会助人成功，幸福就将属于自己，人才能成为“立于不败之地，而不失敌之败”的“善战者”、把握自己的命运的“主宰”。

人生的道路是曲折的，它可能表现为徘徊彷徨的思考、坎坷曲折的经历、挫折逆境的困惑、命运之神的摆布。具体地说，它可能表现为失学落第、怀才不遇、失业待业、贫困潦倒、失恋打击、婚姻破裂、亡妻丧子；还可能表现为遭人诬陷、被人误解、屡屡失败、孤独无助、受人暗算、误入歧途、落入陷阱等等。正所谓“天有不测风云，人有旦夕祸福”。如果缺乏走坎坷不平之路的思想准备，在人生道路上一旦碰到挫折，就会陷入苦闷、焦虑、迷惘、忧愁，个别人甚至悲观失望，乃至丧失驾驭生活的勇气和信心。

当然，说人生道路是曲折的，并不意味着前进的道路上没有平直的道路，而是说人生总的来说道路是曲折的，但曲折中有不曲折，坎坷中也有坦途。正像数学中曲线包含着直线，直线构成了曲线一样。没有哪个人的人生道路永远是坎坷不平的，之所以说人生的道路不会平坦无阻，那是由人生的特点所决定的。人是社会的人，具有社会性，总要受到各种社会关系的制约。在社会关系中，人既是主体，又是客体。人作为主体，是在一定的社会关系下从事实践活动，他经常地评价社会和他人，也需要从社会中得到尊重和满足；人作为客体，是受社会历史条件规定的客观存在物，会常常受社会和他人评价，而且有对社会尽责任和做贡献的义务。主体和客体之间经常发生倾斜和不平衡，就使得人的一生将遇到各种各样的矛盾、困难和挫折。

马克思主义认为：“矛盾存在于一切事物发展的过程中，矛盾贯串于每一事物发展过程的始终。”对于人生这个运动过程来说，当然不可避免地存在着矛盾和斗争，只不过有的人遇到的困难、挫折多些，有的人遇到的少些罢了。正如邓友梅所说：“我认为生活中逆境是绝对的，顺境只是相对的。一个人要活得有意义，要决心为人民、为国家做出一点贡献，尽一份社会成员的责任，首先要有应付逆境的思想准备。”叶永烈也说过：“人生的道路总是坎坷不平。没有‘山重水复疑无路’，哪有‘柳暗花明又一村’？不奋斗，让别人用金盘子托着成功之果，递到你的面前，那永远是幻想。”所以，托尔斯泰说：“人生的一切变化，一切魅力，一切美好都是由光明和阴影构成的。”这些观点同孙子“无恃其不来，恃吾有以待也；无恃其不攻，恃吾有所不可攻也”的思想是一致的。

做足成功的思想准备

一个人要想获得成功，就要有足够的思想准备，去面对严峻的现实。无数仁人志士和科学家用事实证明了这一点。

当哥伦布试图发现新的大陆的想法被人们知道后，他饱受了世俗的冷嘲热讽，走在街上常常被人围攻讥笑。然而，他真的发现了新大陆。这个把黄金的土地从海里捞起来的人，这个献身于科学事业的人，他对世界的贡献是举世无双的。然而，他的成功带给他的却是一条锁链。1500 年 8 月 24 日，西班牙政府派人到美洲将哥伦布逮捕，用铁链子把他套着带回西班牙。临终前，他希望把这条铁链放在他的棺材上，让世人可以看到他的时代所给予他的评价。

哥伦布的一生是坎坷的，但正因为哥伦布以及像哥伦布一样献身于社会的人能够坦然地面对不幸，所以哥伦布是伟大的，和哥伦布一样的人也是伟大的。

巴尔扎克说过：“苦难是人生的老师。”的确，没有经过长夜痛哭的人，往往不懂得什么叫真正的人生。虽然这一次痛哭了，但下一次再面对人生的时候，却一定会微笑的。从这个意义上讲，一帆风顺的道路对人的成长和发展并不见得是件好事。而那些路途坎坷的人，每一次挫折和困难对他却可能是一次磨炼，使他在与困难和逆境搏斗的同时，把自己的意志、毅力、情操和信念提高到一个新的层面，使他的人生总有收获。这就需要一个人具有孙子所说的那种迎接厄运、战胜困难的思想准备。

第七节　利害：“杂于利害”“以患为利”

孙子在《作战篇》有言：“故不尽知用兵之害者，则不能尽知用兵之利也。”在《九变篇》也讲道：“是故智者之虑，必杂于利害。杂于利而务可信也；杂于害而患可解也。”

这两句的意思是说：用兵之事有利有害，利害相间，利害相连，不完全了解用兵弊害的人，也就无法理解用兵的益处。因此，真正聪明的将帅思考问题，必须兼顾到利与害两个方面。在不利的情况下看到有利的条件，才能提高战胜困难的勇气；在顺利的情况下要考虑到不利因素，充分估计到可能出现的各种困难，才能排除可能发生的意外，趋利避害，化害为利。

借鉴孙子全面、辩证地分析利害关系的观点，对人们正确处理人生道路上可能出现或已经出现的各种困难具有深刻的意义。

看到乌云遮盖的光明

首先，在“害”字当头，处于不利的情况下，要见害思利，看到有利条件，看到光明，才能战胜困难，坚持下去。

其次，无论在怎样的艰难困苦的场合，都要充满自信，要相信好时光总会到来。这就是说，当一个人处于不利境遇的时候，不仅要看到有利条件，还要利用这个有利条件去争取最好的结果。

美国前任总统里根的母亲曾经对他说过这样一段话：“如果你坚持下去，总有一天你会交上好运，并且你会认识到，要是没有从前的失望，那是不会发生的。”正是凭借这种信念，里根克服了许多困难，最后终于从一个因找工作而屡屡碰壁的人成为美国总统。1932 年，当里根大学毕业的时候，他决定试着在电台找份工作，再设法去做一名体育播音员。他搭车去了芝加哥，敲开了一家又一家电台的门，但每次都碰了一鼻子灰。他听说伊利诺伊州的迪克逊有一家商店，需要一名当地的运动员去经营它的体育专柜。里根在迪克逊中学打过橄榄球，于是他提出了申请。尽管这份工作很适合里根，但他仍未能如愿。当时，他真有些失望了。母亲又提醒他：“最好的总会到来”。终于，他在经历了许多艰难的跋涉之后，在爱荷华州达文波特的 WOC 电台当上了一名体育播音员。在此后的人生道路上，他又凭借这种信念克服了许多困难，成为美国总统。

可见，困难并不可怕，再大的困难也并非不可战胜。只要人们在困难面前保持清醒的头脑，坚持下去，战胜困难，就会迎来光明。这便是孙子所说的“杂于利而务可信”的道理。

在顺利的情况下，也不要沾沾自喜，看不到不利因素。如果不能居安思危、见利思害，当顺利转化为不利的时候，就会措手不及，导致失败。一个人如果不能在坦途中想到坎坷，顺利时想到逆境，不能“杂于利害”，他在生活中就不会有所作为。相反，他会被生活所累，甚至被生活所抛弃。因此，只有“杂于害”，才能“患可解”，从而成为生活中的强者，时代骄子。

孙子曰：“军争之难者，以迂为直，以患为利”、“投之亡地然后存，陷之死地然后生。夫众陷于害，然后能为胜败”。这两句话的意思是说，军队争取先机之利最困难的地方，是要把迂回的弯路变为直路，要把不利变成有利。把士卒投入危地，才能转危为安；陷士卒于死地，才能转死为生。军队陷入危境，然后才能夺取胜利。历史上不少名君良将正是运用孙子这一用兵思想，导演了一幕幕转败为胜、转死为生、转患为利的活剧。我国古代著名战将韩信井陉背水之战就是“以患为利”的著名战例。

在逆境中成长

人生竞争如同战场军争。在人生的旅途中，不但常有失意、挫折和失败，有时还会遇到突如其来的厄运。明智的人，正是在这一次次的挫败和一个个逆境中逐渐变得坚强起来，成熟起来，从中获取了一次次的胜利和成功。生活的辩证法告诉人们，逆境固然是人生道路上的不利条件，但当这种不利因素转化为催人发奋、战胜厄运的强大动力时，它又变成了好事。逆境可以激励弱者，造就强者。逆境可以磨炼意志，使人笑对人生。

逆境往往是激人奋进的最好理由，而顽强的毅力可以征服世界上任何一座高峰。

清末著名学者朱起凤，曾在一个书院里教书，因为没有搞清“首施两端”和“首鼠两端”二词可以通用，都是犹豫不决的意思，而误判了一个学生的作文，遭到了全书院人的嗤笑。后来，他发愤读书，专门收集这类词语3万多条，分类编排，博举例证加以注释，编成一部300多万字的大型辞书《辞通》，成为传世佳作。

像朱起风这种逆境成才的人在人类社会和发展中并不罕见。有的人考场失意之后，奋发努力，后来成为著名学者。

明代著名医学家李时珍，曾三次考举人，三次失败，后来立志学医，并潜心研究药物，长期上山采药，深入民间查询验方，用了近 30 年的时间，写成了流传千古的医学巨著《本草纲目》。

清代著名的文学家蒲松龄四次参试均落第，他下狠心攻读，改变学习方法，深入民间广集博采，终于写出了名著《聊斋志异》。

著名作家严文井，两年内报考四所大学，结果一一落榜。后来，他坚持一边工作，一边自学，成了我国独树一帜的童话作家。

被当代人喻为“世界语大师”的苏阿芒成名之前，曾连续三年报考某大学外语系都榜上无名，后来他走自学之路，数年之后学会了意、英、德、法、俄、波兰、瑞典、捷克、西班牙等 20 多个国家的语言文字，他的作品在近 40 个国家中用 10 多种文字发表。

假如这些人在落榜之后，就此消沉下去不再进取，他们就不会有这些突出的成就。也可以说，如果他们不经历名落孙山的痛苦折磨，没有屡次落第的失意，也许同样不会有这些成就。

可见，逆境本身并不是一种灾难，只要人们不屈从于逆境，它就会成为人们向上攀登的阶梯，成为人生的祝福。“河出潼关，因有太华抵抗，而水益增其奔猛；风回三峡，因有巫山为隔，而风力益增其怒号”。逆境常常在使人饱受磨难之后送出一件丰厚的礼物，这礼物是珍贵的，足以抵得上所遭受的那些磨难。

司马迁因遭李陵之祸，被处腐刑，受到人生最大的屈辱。可是，他奋发努力，经过 15 年的辛勤劳动，终于写成了《史记》，对国家和民族做出了贡献。

屈原如果没有被逐的苦难经历，也就不会有千古绝唱《离骚》的诞生。

“奇迹总在厄运中出现”，培根的这句至理名言同孙子“以迂为直，以患为利”的思想一样，给人们留下了一个思考的空间。正所谓“伟人之所以伟大，关键在于：当他与别人共处逆境时，别人失去理智，他则下决心实现自己的目标。”

第八节 庙算：三思而后行

孙子《计篇》中说：“夫未战而庙算胜者，得算多也，未战而庙算不胜者，得算少也。多算胜，少算不胜，而况于无算乎！”

意思是说：拉开战斗序幕之前，就已“庙算”（古时战前君主在宗庙里举行仪式，商讨作战计划）周密，充分估量了有利条件和不利条件，开战之后就往往会取得胜利；拉开战斗序幕之前，没能进行周密“庙算”，很少分析有利条件和不利条件，开战之后就往往会失败，更何况开战之前无“庙算”呢？可见，将帅的智慧谋略在战争中是何等的重要。

做一个有智慧的人

人活着，不论是生活还是工作，都会不断地遇到新的问题。在处理问题时，智慧越多，处理得越好。凡事不动脑筋先想一想，在没有充分有利条件和不利条件的情况下就莽撞行事，必然碰壁，所以古人云：“凡事应三思而后行。”

许多中外名人对智慧有着深刻的见解。列夫·托尔斯泰说：“没有智慧的头脑，就像没有蜡烛的灯笼。”费尔巴哈说：“没有智慧的人，就会受人欺骗，被人迷惑，让人剥削。只有具有思想的人，才是自由的和独立的人。”莱辛说：“生活中最没有用的是财产，最有用的东西是才智。”爱尔维修说：“世界上再没有比智慧更令人敬仰的东西了。”这些名人恰恰是正确运用了智慧，才成为世界的名人，他们用智慧为人类做出了贡献。

智慧是人生最宝贵的财富，谁拥有了它，谁就拥有了成功的希望。《三国演义》中的诸葛亮是一个智多星，他的聪明才智超过一般人。看过这本书的人都熟知“空城计”和“草船借箭”的故事，它们都是表现诸葛亮智慧过人、用计取胜的战例。智慧对一个人来说是不可缺少的，而一个有智慧的人对一个集体、一个军队来说也是至关重要的。所谓“千军易得，一将难求”，就是从拥有智慧和指挥才能的人的角度讲的。所以，刘备才“三顾茅庐”请诸葛亮，而诸葛亮也确实没有辜负刘备，用他的大智指挥蜀军取得了一个又一个胜利。可以说，刘备看重的并不是诸葛亮这个人，他看重的是诸葛亮的智慧。

智慧源于勤奋和思考

同天才一样，聪明才智并非完全的天赋，在很大程度上来自勤奋。从哲学角度讲，思想是由存在所决定的，存在决定意识，离开了社会实践，再聪明的人也会变笨。反之，只要勇于实践，大胆探索，勤于思考，笨人也会变得聪明起来。从遗传学角度讲，人的遗传因子具有一定的差异性，有的人接受能力快一些，而有的人接受能力则比较慢。但天资聪明也好，资质差也好，都只是在某个方面表现出来。所以，即使是天资较差的人，只要反复训练，依靠勤奋也能消除差距；资质差的人只要肯努力，同样可以变得聪明起来，一样能够有所作为。

事实上，古今中外靠后天的努力取得成功而大器晚成的例子是屡见不鲜的。

爱迪生小时候弱智，华罗庚小学时数学曾经不及格，苏洵直到晚年才有所成就，但他们都为人类做出了不平凡的贡献。有人说爱迪生是“天才”，说他满脑子都是“灵感”。可爱迪生却说：“天才嘛，那是百分之九十九的血汗，加上百分之一的灵感凑合起来的。”的确，爱迪生根本没有受过正式教育，一生只上过三个月的学。他所选择的道路是艰苦而曲折的，但却通向了科学的光辉顶峰。在他的一生中，有流浪饥饿的岁月，有飞灾横祸的摧残，数不清的失败煎熬过他，可他还是攻坚履险，一步一个脚印地往前闯。他一生中的2000多种发明无一不是刻苦学习和钻研的结果。而他的聪明才智，也是在虚心学习别人经验和反复不断的具体实践中点点滴滴积累起来的。

所以，古罗马作家大伽图说：“学问是苦根上长出来的甜果。”柴可夫斯基也说：“灵感—这是一个不喜欢拜访懒汉的客人。”所以说，天才来自勤奋，来自不懈的努力。古人云：“人一能之，己百之；人十能之，己千之。果能此道矣，虽愚必明，虽柔必强。”意思是说，别人一次能办到的，自己做一百次；别人十次能做到的，自己做一千次。如果能按照这个道理去做，即使愚笨也会变得聪明起来，即使柔弱也会变得强大起来。

智慧除了来自勤奋之外，还来自多思。孟轲说：“心之官则思，思则得之，不思则不得也。”不论做什么事，都应当先思而后行，打仗需要“庙算”筹划，做事也须反复思考，以免做蠢事。因为草率的言行常常会把一个人置于尴尬的境地，甚至把人推向绝路。说话不考虑对象，等于射击不瞄准；做事不考虑后果，等于拿人格开玩笑。善于思考的人，也是最能吸取教训的人。因为，真正思考的人，从自己的错误中吸取的知识要比从自己的成就中吸取的知识更多。所以说，思考能使一个人聪明起来，少犯错误或者不犯错误。

思考的力量是巨大的。德国物理学家普朗克说：“思考可以构成一座桥，让我们通向新知识。”伽利略说：“思考是人类最大的快乐。”爱迪生说：“不下决心培养思考习惯的人，便失去了生活中最大的乐趣。”爱因斯坦说：“每当我脑子中没有什么特别问题需要思考时，我就喜欢重新验证我早已知道的数学和物理定理。这样做并没有什么目的，只是为了让自己有机会充分享受一下专心思考的愉快。”然而，思考毕竟是艰苦的，只有不畏思考、善于思考的人，才能掌握开启智慧之门的钥匙，才能挖掘人生无穷的潜力。如果人们畏惧思考或者不喜欢思考，就可能导致失败。因为“多算胜，少算不胜，而况于无算乎？”

第九节 时机：审时度势，乘胜追击

孙子认为，用兵打仗，要“践墨随敌，以决战事”。就是说在实施作战计划的时候，要随着敌情的变化来决定自己的作战行动，要根据不断变化的形势来决定作战方案。

孙子认为“善战者，求之于势，不责于人，故能择人而任势”。意思是说：善于指挥作战的将帅，他总是努力促成对己有利的条件，而不是苛求部下，所以他能不强求人力而去利用和创造有利的条件。

将孙子这一用兵思想移植到人生中来，对于正确认识和理解机遇得失等人生课题有着积极的借鉴意义。

机遇偏爱有准备的人

人们都希望有机遇，但机遇并非出于脱离了必然的偶然性，它是主客观相统一的结果，是长期积蓄的迸发。孙子在研究兵家战略的时候，就十分重视主观与客观的统一，强调要“践墨随敌”方可“决战事”，不把战争的胜利寄托在敌人失误的偶然性上。人们要获得事业上的成功，得到更多机遇的光顾，也需要把自己的美好愿望建立在扎扎实实的客观实际的基础上，并不断地加以修正，使之适应客观环境的变化。正如巴斯德说的那样，“机遇只偏爱那种有准备的头脑”。所谓有准备的头脑，不仅是时间上的积蓄，而且包含了人的能动的创造力，也即孙子所说的“求之于势”。只有靠这种“势”，经过不遗余力地奋争，才能在偶然中寻求必然，也才能把握机遇，获得成功的欢乐。

孙子曰："不可胜者，守也；可胜者，攻也。"意思是说，当我方不可能战胜敌人时，应进行防御；在敌人兵力不足的时候，正是我方取得胜利的机会，在这种情况下要采取进攻的策略，否则就会失去战机。人生也是一样，当机遇之风从人们面前吹过时，如果不能及时地发现并把握它，使之为人生推波助澜，就会丧失机遇，而这一机遇有可能关系到一个人的一生。所以，在人生的战场上，对于机遇也要采取进攻战略，抓住偶然性背后潜藏着的必然性规律。在人生的海洋中，让生命之帆驾起机遇之风。

人们常常把机遇看成是一种偶然现象，认为那些做出重大贡献的科学家、那些一跃而登上成功宝座的人们是"运气好"、"碰上了"。其实，把机遇单纯地归结为一种偶然现象是失之偏颇的。因为机遇仅仅给人提供一次机会，至于能否利用这个机会获得成功，则取决于不同的人。只有那些善于利用机会，勇于抓住机会的人，才是真正的幸运者。机会来了，一定要紧紧抓住，因为机不可失，时不再来。机遇表面看来属于一种偶然现象，实际上包含着必然性，因为在偶然性背后，总是隐藏着必然的机遇。必然性和偶然性是客观世界中存在着的东西，在实际生活中到处能遇到它，它和人生有着密切的关系，只有正确认识必然性和偶然性这对矛盾范畴，才能真正抓住机遇，让好运伴随你。

唯物辩证法告诉人们，事物发展总是既包含着必然的方面，又包含着偶然的方面，这种矛盾现象是由于事物因果联系的复杂性而产生的。每一个事物都是由它内部包含的互相联系、互相作用着的多种因素综合组成的复杂的矛盾统一体。同时，每一个事物又不是孤立的，它总是和外部的各种事物发生这样或那样的联系和作用。事物内部的、主要的因素决定着发展的必然趋势。同时，这种必然的趋势由于次要的、外部的因素的作用发生多种多样的摇摆和偏差，表现为种种的偶然性。

所以，机遇总是同时存在着必然性和偶然性两个方面。自然界发展的必然规律，正如恩格斯所说，是"在无穷无尽的表面的偶然性中为自己开辟道路的，而且到现在为止在人类历史上多半也是如此"。表面看来纯粹是必然性的东西，实际上也总是伴随着偶然性，并在事物的必然发展中起着不可忽视的作用。必然性离不开偶然性，偶然性也离不开必然性，二者互相依赖，互相渗透。牛顿进行了艰苦的科学研究，他发现万有引力定律是有必然性的。就万有引力定律迟早会被发现来看，是牛顿发现了它而不是别人，这一点又带有偶然性。假如不是牛顿苦苦地追寻，不懈地研究，发现万有引力定律这种机遇就不会属于他。可见，机遇只垂青于那些懂得怎样追求它的人。

做机遇面前的勇者

机遇偏爱勇士。

我国著名地质学家李四光由于不断地探索和研究，一生中充满机遇，甚至在开会、散步或浏览的过程中，也有重要的发现。在北京中山公园散步时，他发现了一个棋盘格式构造的典型标本。在庐山住所附近,他发现一块在天然条件下因自重而发生变形的小砾石，这对于探索岩石的力学性质具有重要意义。在太行山、黄山、鄱阳湖考察时，他发现了“U”形谷、冰川擦痕和冰碛，找到了中国存在第四纪冰川的确凿证据……这样多的机遇偏爱李四光，是不能仅仅用偶然性加以解释的。应当说，是他的探索精神和机遇结了缘。

如果缺乏勇敢追求的精神，机遇就可能与我们失之交臂。

德国化学家维勒因为错过机遇，使钒的发明权落到了琴夫斯特木手里，维勒十分懊悔。他的老师柏米里乌斯给他写了一封信，信中讲了一个动人的故事：在北方一所秘密的房子里，住着一位绝顶美丽的女神，她的名字叫凡娜迪斯。有一天，一个小伙子来敲她的房门，试图向她求爱。但是，这位女神听到敲门声以后，仍旧舒服地坐着，心里想：“让来的那个青年再敲一会儿吧。”可是，敲门声响了一次就停止了，敲门人没有坚持敲下去，而是转身走了。这个人对于他是否被女神请进去，显得满不在乎。“他究竟是谁呢？”女神也觉得很奇怪，她赶忙奔到窗前，想去瞧瞧那位掉头离去的小伙子。女神惊奇地自言自语地说：“原来是维勒！好吧，让他白跑一趟是应该的，如果他不那么淡漠，我会请他进来的……”过了一段时间，又有人来敲门了。这次来敲门的人和维勒大不相同，他一直敲个不停。最后女神只好开门迎客，进来的是漂亮的小伙子琴夫斯特木，他和女神相会了。他们结合以后，就生下了新元素“钒”。

机遇总是属于那些善于思考、执着追求的勇敢者，而总是让那些对于机会采取漫不经心或者畏缩态度的人感到遗憾和失望。

假如机会来到一个人的面前，这个人却不加以珍视，轻易地放走它，它也许就不会再来光顾了。因为机遇是一个高傲的“女神”，总要经过一番努力，才有可能得到她。

执着追求机遇的人之所以常常幸获机遇，正是因为他们往往是机遇的知音。正如萧伯纳所说：“人们总是把自己的处境归咎于机会不好。我不相信机会，在这个世界上取得成功的人，是那些努力去寻找他们想要的机会的人，如果找不到机会，他们就自己创造机会。”萧伯纳也正是通过创造机会同机遇结了缘。每个人都应该寻找机会，创造机会，做机遇的朋友。